KB274749

김정은 시대

김정은 시대

북한 권력의 지각변동,
한반도의 미래를 이야기하다

박봉권 송성훈 손일선 지음

매일경제신문사

　지난 1997년 김일성이 사망했을 때 북한 전문가들은 물론이고 대다수 일반인들도 곧바로 김정일을 떠올렸다. 갑작스러운 사망이었지만 김정일이 오랫동안 김일성으로부터 후계자 수업을 받아오는 등 넘버 2 이미지를 확실히 다져왔기 때문이었다.

　그러나 김일성 사망 후 14년이 지난 2011년 12월 19일. 북한중앙방송을 통해 김정일 사망소식이 흘러나왔을 때 곧바로 김정은을 북한 3대 세습 후계자로 떠올린 사람들은 많지 않았을 것이다. 전례가 없는 북한 3대 세습 후계자로서의 김정은 입지가 제대로 각인되지 못한 탓이다.

　사실 아직까지도 김정은은 생소한 존재다. 우리가 아는 김정은에 대한 정보가 제한적이기 때문이다. 2012년 만 29세가 됐고 스위스에서 4년 정도 유학을 했다는 것, 그리고 북한 TV에 비친 그의 모습이 판박이처럼 김일성을 꼭 빼닮았다는 것 정도가 우리가 김정은에 대해 아는 거의 전부다. 그의 음성이 어떤지도 모른다. 김정일 사망 전에는 김정일이라는 넘버 1이 있었기 때문에 북한방송에서 그의 목소리를 들을 수 없었던 것은 어찌 보면 당연하다. 그러나 김정일 사망 후 상징적인 넘버 1이 된 이후에도 북한방송은 현장지도에 나선 김정은의 모습은 자주 보여주면서도 여전히 그의 목소리는 방송을 통해 흘러나오지 않고 있다.

2009년 1월 김정일이 김정은을 국방위원회 부위원장이라는 직함을 달아준 뒤 후계자로 낙점할 때까지도 김정은은 장남 김정남과 차남 김정철에 가려 그 존재조차 희미했다. 정확한 이름이 김정운인지 김정은인지 우리나라 정보당국도 헷갈릴 정도였다.

이처럼 김정은은 그 존재가 여전히 베일에 가려져 있을 뿐만 아니라 연륜도, 국정운영 경험도 일천하다. 과연 그가 핵무장국 북한을 제대로 끌고 갈 수 있을지, 지도자(?)만 바라보고 있는 2,400만 명의 북한 주민들에게 희망을 줄 수 있을지, 젊은 나이에 중국, 미국을 상대로 어떤 대외정책을 펼칠지, 또 한국과의 관계는 어떤 방향으로 이끌어갈 것인지 그리고 전 세계적으로 가장 폐쇄적인 집단인 북한을 개혁·개방의 길로 인도할 수 있을지 등 첫걸음을 내디딘 김정은 시대의 모든 것이 유동적인 상황이다.

일각에서는 김정은을 와일드 카드라고 부른다. 어디로 튈지 모르기 때문이다. 당장은 김정은이 김정일 유훈통치를 통해 북한사회를 이끌어가겠지만 그가 북한정권의 실세로 자리매김할지에 대해서는 설왕설래가 많다. 단기적으로 혼란을 줄이고 내부결속을 다지는 차원에서 군부 등 북한을 움직이는 파워엘리트들이 김정은을 상징적인 지도자로 내세운 뒤 충성을 맹세하는 모습을 보일 것이라는 게 대체적인 시각이다.

그러나 중장기적으로 김정은 체제가 얼마나 지속될 지에 대해서는 전망이 크게 엇갈린다. 김일성-김정일-김정은으로 이어지는 소위 백두혈통을 가진 자만이 북한체제 정통성을 이어받을 수 있다는 점에서 김정은 시대가 지속될 것이라는 진단도 있지만 적지 않은 전문가들은 김정은의 카리스마로는 장기적으로 북한을 이끌어갈 수 없다는 분석을 내놓고 있다. 심지어 김정은의 큰형인 김정남도 김정은 체제가 단명할 것이라는 평가를 내놓고 있을 정도다.

1명의 지도자가 독재를 하는 북한체제의 특수성을 감안하면 굳건하지 못한 1인 지배체제는 권력 암투로 연결될 수밖에 없다. 당분간 북한이 동아시아는 물론 전 세계 안보를 위협하는 불안요인으로 남아 있을 수밖에 없는 이유다. 금융시장 참가자들은 돌발악재를 싫어하지만 그 중에서도 가장 싫어하는 것이 바로 불확실성이다. 김정은 정권의 불확실성에 시장이 불안감을 느끼는 것도 이때문이다.

이처럼 김정일 사후 상황 자체가 유동적이지만 이 같은 분위기가 오히려 주변국, 특히 한국에게는 기회로 작용할 수도 있다. 외부에서 김정은을 올바른 방향으로 이끌고 유도한다면 김정은이 체제 강화를 위한 수단으로 개혁·개방이라는 최선의 시나리오를 택할 수도 있기 때문이다. 사실 김일성이 사망한 뒤 김정일이 집권했을 때는 북한 내에 노선투쟁이라는 것이 없었다. 기존의 폐쇄적인 체제 속에서 외부의 간섭을 배제한 채 주체사상을 공고히 하는 한편, 공산독재를 유지하는 길 외에 다른 옵션에는 눈길도 주지 않았다. 이처럼 스스로 고립을 자초하면서 북한 주민을 기아로 몰아넣었고 결국 수백만 명이 아사하는 참극이 빚어졌다. 또 두 차례 핵실험을 강행하는 등 핵무기 개발을 진행하면서 미국 등 서방국과 대결국면을 지향, 국제적인 경제제재를 받는 상황을 자초했다.

그러나 김정은 시대에는 북한이 시장경제 체제 일부를 받아들이는 제3의 길을 찾아 나설 여지가 열려 있다. 김정은이 해외 유학 경험이 있어 개혁·개방에 대해 김정일보다 더 개방적일 수도 있다는 기대감과 함께 기존 북한 경제시스템을 고수해서는 더 이상 희망이 없다는 점을 북한 스스로 잘 알고 있기 때문이다. 개혁·개방을 통해 북한 주민들에게 보다 안정적인 삶을 제공할 경우, 그만큼 김정은 정권 기반이 더욱 강화될 수 있다는 점에서 개혁·개방을 통한 경제성장은 달콤한 매력으로 다가올 수 있다.

북한의 개혁·개방 과정에서 벤치마킹 대상은 중국이다. 중국은 1970년대 등소평이 흑묘백묘론을 통해 대외개방을 주도한 뒤 초고속 성장을 지속, 이제는 미국과 함께 세계경제를 이끄는 G2로 우뚝 올라섰다. 중국을 찾은 김정일이 상하이 변화상을 보고 상전벽해라고 놀라워했을 정도로 중국 개혁·개방 성공모델은 북한에게는 부러움의 대상이었다. 중국식 개혁·개방을 통해 북한경제의 회생, 더 나아가서는 강성국가에 한발짝 더 다가서는 것이 김정은 시대의 화두가 될 수밖에 없는 이유다.

물론 북한체제의 속성 때문에 김정은 시대에도 개혁·개방 속도는 느릴 것이다. 주민의 우민화, 절대군주와 같은 1인 지배체제를 우상화하고 신격화하는 논리적인 허구성 때문이다. 이 같은 논리적 허구성은 북한 주민들의 대외 접촉이 늘어나면 곧바로 모순을 드러낼 수밖에 없다. 북한정권 입장에서 절대 권력의 누수를 막기 위해 대외개방 속도를 되도록 늦출 수밖에 없는 이유다.

그러나 경제 개혁·개방은 거스를 수 없는 시대의 도도한 흐름이자 김정은 체제의 장기적 생존을 위한 유일한 길이라는 점에서 김정은이 대외 개혁·개방이라는 대명제와 속도·범위 사이에서 타협점을 찾을 것으로 기대된다. 실제로 러시아 국영가스회사 가즈프롬과 한국가스공사가 러시아에서 북한을 경유, 한국으로 이어지는 천연 가스관 건설 사업을 추진하는 것과 관련, 새롭게 들어선 김정은 정권이 반대하지 않고 있는 점도 경제적 실리를 찾겠다는 김정은 체제의 의지를 보여준다는 분석이다.

김정은이 대외 개혁·개방으로 한발짝 더 다가올 수 있도록 하려면 한국, 미국, 중국 등 주변 국가들이 인내심을 가지고 북한을 대화의 장으로 이끌어내는 노력을 기울여야 한다. 이를 위해 인간 김정은 그리고 김정은의 파워엘리트들에 대한 더 많은 연구와 조사는 필수적이다.

본서《김정은 시대》는 인간 김정은에 대한 가이드북이라고 보면 된다. 김정은 어린 시절, 김정은 가족관계, 김정은 시대의 파워엘리트, 김정은이 직면한 과제와 현안, 새롭게 바뀌고 있는 권력구조 패러다임에 대한 이야기를 담고 있다. 모쪼록 이 책이 북한의 대변혁을 가져오는 한편 한반도 미래에 커다란 영향을 줄 수밖에 없는 김정은 시대 출범을 앞두고, 김정은이 누구인지에 대한 기초적인 길라잡이 역할을 할 수 있기를 기대해본다.

박봉권, 송성훈, 손일선

CONTENTS

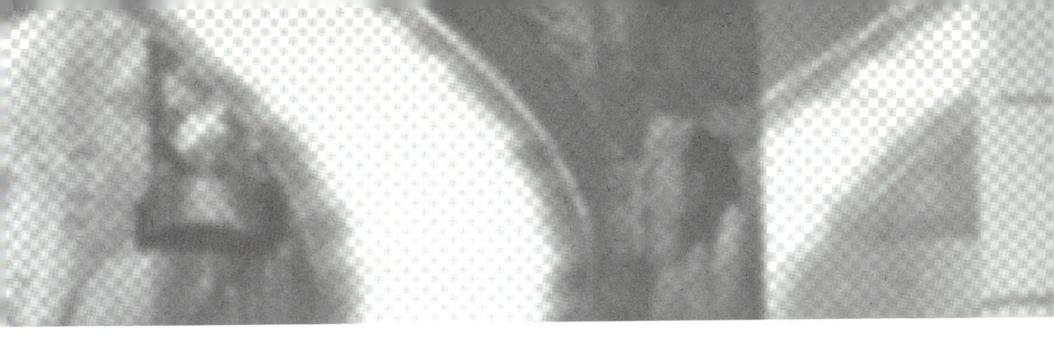

PART 3 북한경제 개혁·개방의 길

PART 4 김정은 시대 파워엘리트

김정은,
그는 누구인가

베일에 싸인 김정은,
행적 좇기

김정은과 박은

"여러분, 새로운 친구를 소개할게요. 북한에서 온 '박은(Un Pak)'이라는 친구입니다. 아버지는 여기에 있는 북한대사관 직원이구요."

1998년 8월. 스위스 베른에 있는 리버펠트-슈타인휠츨리 공립학교에 동양인 소년이 전학을 왔다. 연간 학비만 우리 돈으로 3,000만 원 가량 되는 이 학교에 입학한 학생은 바로 당시 15세 정도 됐던 김정은이다. 박은이라는 가명을 사용한 것은 신분노출을 피하기 위한 것으로 보인다. 가명은 스위스 외교관이었던 이모부 '박건'의 성과 '김정은'의 '은'을 조합한 것으로 파악되고 있다.

김정은은 2000년 가을까지 2년 가량 이 학교를 다녔다. 성장과정이 완전히 베일에 가려진 김정은의 어린 시절을 유일하게 유추

해볼 수 있는 시기다.

당시 김정은과 함께 어울렸던 학생들을 대상으로 취재한 외신 내용을 요약해보면 김정은은 수학을 곧잘 했지만 대체적으로 평범했던 것으로 전해진다. 영어는 잘했지만 독일어에는 능숙하지 않았고, 어느 날은 수업시간에 질문을 받고 당황해하는 경우도 있었다고 한다. 또 아버지인 김정일처럼 영화를 좋아했고 영화배우 장 끌로드 반담을 좋아했다고 전했다.

나이키와 NBA 마니아 김정은

김정은은 학교공부보다는 축구와 농구 등 스포츠에 더 관심이 많았던 것으로 보인다.

당시 친구들은 김정은을 조용한 학생이었지만 농구 마니아였다고 기억한다. 여학생 앞에선 수줍어하던 그가 농구 코트에서는 완전히 달랐다는 것. 친구들은 그가 폭발적인 플레이 메이커였다고 입을 모은다. 특히 김정은은 농구시합을 할 때마다 지는 것을 매우 싫어했을 정도로 승부욕이 강했다고 한다.

이처럼 승부욕이 강한 김정은의 면모는 11년간 김정일 전속요리사로 일했던 일본인 후지모토 겐지(가명)의 저서와 증언에도 나와 있다. 《김정일의 요리사》라는 저서를 통해 후지모토는 "정은은 농구를 할 때 남달랐다"며 "농구시합이 끝나면 친구들을 불러 모은 뒤 게임을 분석하는 등 오랜 시간 반성회를 가질 정도로 승부욕이 남달랐다"고 적고 있다.

김정은은 또 미국프로농구(NBA) 시카고 불스의 간판스타 마이클 조던의 열혈팬이었고, LA레이커스의 코비 브라이언트와 크로아티아 출신 용병으로 시카고 불스에서 활약했던 토니 쿠코치를 좋아했다.

스위스 유학 당시 그는 나이키 운동화 수집광이기도 했다. 몇 년 전에 공개된 당시 학교친구들과 찍은 사진에서도 김정은이 나이키 로고가 새겨진 체육복 상의를 입고 있는 모습을 볼 수 있다.

10대 때부터 음주

이처럼 어릴 때 해외에서 유학을 한 탓에 영어 등 몇 개 외국어를 구사할 수 있고 컴퓨터와 휴대폰 등 IT기기도 잘 다루는 것으로 알려지고 있다.

김정은과 가장 친했던 친구는 당시 포르투갈 외교관의 아들인 조아오 미카엘로(또는 호아오 미카엘로). 절친 미카엘로와는 매일 오후를 함께 보낼 정도로 가까웠다. 미카엘로는 김정은이 개인요리사는 물론 운전사와 개인교사까지 됐다고 회상한다. 미카엘로는 김정은을 거의 매일같이 만나서 시간을 보냈지만 북한 얘기를 들은 적은 거의 없었다고 한다. 하지만 김정은이 가끔 향수병이 있는 것처럼 행동했다고 전했다. 김정은과 함께 북한 노래만 1,000번도 넘게 들었을 정도라고 한다.

하지만 미카엘로는 김정은이 술을 마시거나 여자에 관심을 갖는 경우는 거의 없었다고 전했다. 그러나 이에 대해서는 김정은과 관계가 있는 사람들마다 다소 진술이 다르다.

일단 김정은이 스위스 유학 시절 교사와 말다툼을 한 내용을 보면 김정은이 여자에 전혀 관심이 없었던 것은 아닌 것으로 보인다. 당시 시험 직전 학생들을 대상으로 커닝페이퍼 검사를 하던 교사가 김정은의 가방에서 포르노 잡지를 발견했고 이 문제로 곤란한 상황에 처하기도 했던 것으로 전해진다. 또 술에 대해서도 후지모토는 "정은이 10대에도 술, 담배를 하는 등 거침없는 성격을 보였다"고 증언하고 있다. 실제로 후지모토는 일본언론과의 인터뷰에서 "정은이 17세 때쯤 됐을 때 술을 함께 마셨다"며 "김정은이 북한 전력부족이 심각하다고 울기도 하고 유럽 상점에는 먹을 것이 넘쳐나는데 북한 상점에만 먹을 것이 없다고 말하기도 했다"고 설명한다.

어쨌든 당시 학교친구들은 김정은이 북한 김정일 위원장의 아들이라는 사실을 전혀 몰랐다고 한다. 스위스 당국조차 스위스 주재 북한 대사관 직원의 아들 정도로만 파악했을 정도다.

위조여권으로 일본도 방문

김정은이 자신의 존재를 밝힌 것은 2000년 가을 스위스를 떠나 북한으로 돌아가기 직전이다. 가장 친한 친구였던 미카엘로에게만 자신이 북한 최고지도자의 아들이라고 말했다고 한다. 미카엘로는 김정은이 떠날 때 학교 앞에서 본 검정색 벤츠 자동차와 경호원들로 보이는 사람들을 보면서 김정은이 북한 권력층 자제일 것으로 짐작했다고 한다.

당시 스위스에는 여동생 김여정도 함께 있었던 것으로 추정된다. 오빠 김정은과 함께 살면서 공립학교를 다녔고, 정순이라는 가명을 쓴 것으로 알려지고 있다. 김정은보다 한 살 많은 친형 김정철도 1993년부터 1998년까지 박철이라는 가명으로 베른 국제학교에 다녔다는 사실이 유학 시절 사진을 통해 확인됐다. 김정철도 서구의 팝 음악과 미국프로농구(NBA)를 좋아했다.

이처럼 김정일 자녀들이 한꺼번에 스위스 학교에 유학하는 바람에 당시 베른에서 근무했던 북한 대사관 직원들도 상당히 신경이 곤두섰던 것으로 알려졌다. 김정일의 자녀늘이 서구문화에 니무 깊숙이 빠져들 경우, 문책을 받을 수도 있었기 때문이다.

이처럼 김정은 등 김정일 자녀들은 스위스에서 서구문화를 주로 접했다. 이와 함께 비공식적으로 일본도 자주 방문했다. 일본언론들은 김정은이 어린 시절 위조여권으로 일본을 수차례 방문했다고 밝히고 있다. 일본 공안당국도 김정은 등이 1991년 5월 12일부터 22일까지 다른 이름으로 된 여권을 이용해 도쿄 디즈니랜드 등을 여행한 사실이 있다고 확인한 바 있다. 당시 만 9세였던 형 김정철과 함께 일본에 입국했고, 재일교포 출신 친어머니인 고영희가 뒤이어 입국한 것으로 드러났다. 모자가 함께 일본을 여행한 것으로 추정된다.

당시 일본당국은 뒤늦게 이들의 입국 사실을 파악하고 그 후 신용카드기록을 조사한 결과, 디즈니랜드 등을 찾은 것으로 조사됐다. 김정일 전속요리사 출신인 후지모토 겐지도 이 같은 사실을 증언했다. 후지모토는 지난 2010년 10월 도쿄 메이지(明治)대학교 강연장에서 "김정은이 북한에서 나를 만났을 때 '디즈니랜드가 재미있었다'고 말했다"고 밝힌 바 있다.

스위스 유학 시절 이후 김정은 행적

김정은은 2000년 가을 스위스 유학을 마치고 평양으로 돌아왔다. 곧바로 2002년부터 2007년 4월까지 5년제 군 간부 양성기관인 김일성군사종합대학을 다녔다. 북한에서는 컴퓨터 공학을 공부했고, 김일성종합대학 물리학 학위와 김일성군사종합대학 학위를 갖고 있다는 정보도 있다.

일본 〈마이니치신문〉이 2009년 공개한 김정은 우상화 문건에 따르면 김정은이 대학 시절 포병 지휘관에 이어 연구원까지 5년 과정을 수료했고 포병전에서 우수한 능력을 보인 것으로 기록돼 있다.

정보기관들은 김정일 국방위원장이 3남인 김정은을 이때부터 이미 후계자로 낙점해놓고 사실상 통치수업에 들어간 것으로 보기도 한다. 실제로 김정은은 김일성군사종합대학 재학 시절부터 김일성대학교수들의 집중적인 과외를 받은 것으로 알려진다. 김정일이 군부대 시찰을 나설 때 김정은을 데리고 다니기도 했다고 한다.

오락가락하는 김정은 나이, 29세, 30세, 31세?

김정일 국방위원장 사망 이후 전 세계 이목은 출생부터 성장과정까지 완전히 베일에 가려진 20대 후반의 젊은이 김정은에 집중됐다. 그러나 그에 대해 알려진 것은 거의 없다. 심지어 정확한 나이는 물론 출생연도조차 확인되지 않고 있다.

그나마 김정은에 대해서 알려진 것은 스위스 베른에서 유학하던 시절 10대 동창들의 이야기. 그리고 김정일 위원장의 전속요리사로 일하면서 11년 동안 그를 옆에서 지켜봤던 일본인 후지모토 겐지의 증언 정도가 전부다.

김정은은 김정일과 그의 셋째 부인 고영희(2004년 사망) 사이에서 태어났다. 하지만 김정은이 정확히 언제 태어났는지에 대해서는 의견이 분분하다. 1982년인지, 1983년인지, 1984년인지 불분명하다. 이 때문에 국내외 언론들은 김정은의 나이를 29세부터 31세까지 제각각 표기할 정도다. 국내 정보당국에서는 여러 정황으로 볼 때 김정은이 김정일과 둘째 부인 고영희 사이에서 1983년 1월 8일에 태어났다고 보고 있다.

김정은 나이가 제각각 다르게 알려지고 있는 가장 큰 이유는 북한이 수년 전에 출생연도를 1983년에서 1982년으로 고쳤기 때문이라는 설이 유력하다. 전문가들은 1912년생인 할아버지 김일성, 1942년생인 아버지 김정일과 출생연도 끝자리를 맞추기 위해 태어난 연도를 바꿨다고 보고 있다. 이렇게 함으로써 김정은이 김일성과 김정일을 잇는 정통성 있는 후계자라는 이미지를 대외에 선전할 수 있고 우상화 작업도 한층 수월해질 수 있기 때문이다.

특히 2012년이 김일성 탄생 100년, 김정일 탄생 70년이 되는 해라는 상징성이 있기 때문에 김정은 출생연도를 1982년으로 맞추려는 유인이 충분했다는 진단이다.

하지만 김정일 전속요리사였던 후지모토는 그의 저서에서 매년 1월 8일마다 김정은 생일잔치를 벌였다고 밝히고 있다. 또한 김 위원장이 1983년생이라고 말하는 것을 들었다고 밝혀 1983년 1월 8일이 정확한 생일일 가능성이 높아 보인다.

이제 갓 서른이 넘은 김정은이지만 철부지만은 아닐 것이라는 것에 전문가들의 무게 중심이 맞춰지고 있다. 이복형제들이 많아 어릴 때부터 권력의 암투를 지켜보면서 경쟁심을 키워왔고 이미 지난 2006년부터 내부적으로 후계자로 지명돼 지도자 교육과 훈련을 받았을 것이기 때문이다.

김정일의 요리사 후지모토 겐지(藤本 健二)

1990년부터 2001년까지 11년간 북한에 체류하면서 김정일 전속요리사로 일했던 일본인이다. 지금 쓰고 있은 이름은 가족과 자신의 신변보호를 위한 가명이다. 언론과 인터뷰를 할 때는 진한 색의 선글라스와 모자를 항상 쓰고 나타난다. 혹시 있을지 모를 북한의 암살위협으로부터 자신을 보호하기 위해서다.

후지무투는 1982년 처음 북한에 요리사로 발을 디뎠다. 이듬해 일본으로 귀국한 그는 1987년 평양 고려호텔 일본 요리사로 다시 북한에 들어가 1990년께 김정일 전속요리사로 발탁됐다. 김정일의 전속요리사로 김정일은 물론 김정은 등 김정일 일가 사생활을 가까이서 지켜본 몇 안 되는 인물로 알려지고 있다. 2001년 일본에 식재료를 사러간다고 속여 북한에서 빠져나온 뒤 강연과 책 저술을 통해 김정일 정권의 실체를 대외에 알리는 역할을 하고 있다.

얽히고설킨
김정은 가계도

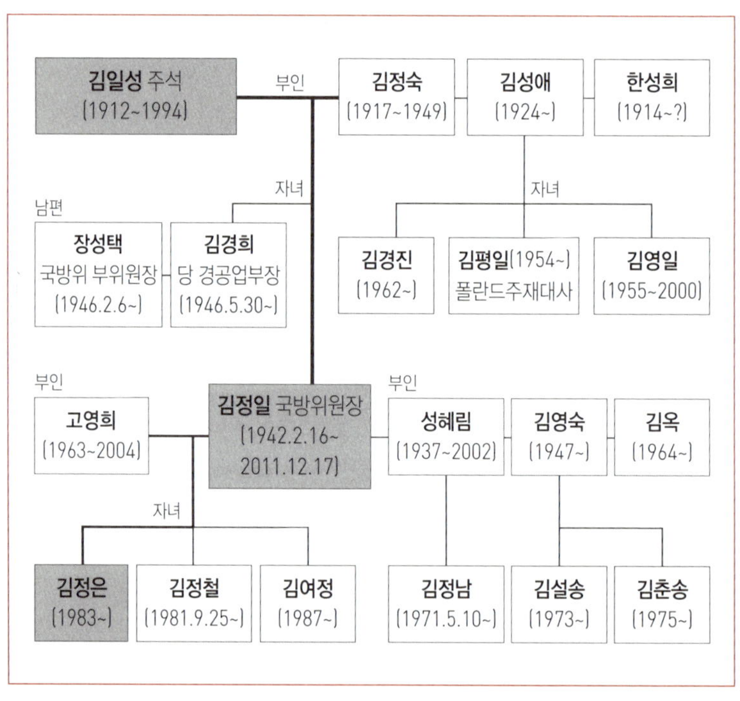

4명의 어머니

김정일의 갑작스런 사망 이후 북한정권이 가장 신경 쓰는 부분은 새로운 젊은 지도자 김정은을 백두혈통으로 연결 짓는 것이다. 김정은을 백두혈통과 연결시키는 가장 큰 이유는 백두산 정기를 받아야만 북한을 이끌 수 있는 정통성 있는 세습자격을 갖출 수 있기 때문이다. 북한은 김일성과 김정숙, 김정일, 김정은만을 백두혈통을 이어받은 '백두위인'으로 추켜세우고 있다.

1912년에 태어난 김일성은 1930년대 중국 만주와 소련 연해주 인근에서 항일 빨치산 활동을 했다. 1940년 결혼한 김정숙을 만난 것도 항일 빨치산 활동 때였다. 당시 김정숙은 항일무장투쟁을 벌이던 빨치산들을 위한 식사를 도맡았다. 백두 여장군이라는 이름을 붙인 것도 그런 사연 때문이다. 1917년생으로 김일성보다 5살 연하인 김정숙은 1942년 김정일을, 1946년엔 딸 김경희를 낳았다. 하지만 1949년 아이를 낳다 사망했다.

이후 김일성은 12살 연하인 김성애와 재혼, 1남 2녀를 낳은 것으로 알려지고 있다. 김성애는 조선민주동맹 중앙위원장으로 활농했다. 하지만 1998년 위원장 자리에서 물러난 뒤 공식석상에 모습을 드러낸 적이 없다. 김성애의 아들이자 김정일의 이복동생이 바로 김평일(1954년생) 주폴란드대사다. 김성애의 딸 김경진은 김광섭 오스트리아 주재 북한대사의 아내다.

김정일은 그보다 5살 연상인 성혜림 사이에서 김정남(1971년생)을 낳았다. 또 둘째 부인인 김영숙과는 김설송(1973년생), 김춘송(1975년생) 두 딸을 낳았지만 지금까지 언론에 공개된 적이 없다. 셋째 부인 고영희와는 김정철(1981년생), 김정은(1983년생), 그리고 김여정(1987년생)을 낳았다. 김정일은 최소 4명의 부인과 적어도 6명 이상의 자녀를 둔 것으로 알려지고 있다.

쉬쉬하는 김정은 생모 고영희

김정일에 이어 북한의 3대 세습을 이어가는 김정은의 친어머니는 고영희다. 김정일이 생전에 가장 사랑했던 여인이기도 하다. 김 위원장 전속요리사 출신인 후지모토는 그의 책에서 "고영희를 만나고 나서 김 위원장의 여성편력이 크게 줄었다"고 했을 정도다. 1975년께 만나 1976년경부터 김정일과 동거를 시작한 것으로 알려진 고영희는 무려 28년간 김정일과 살면서 정철, 정은, 여정 등 세 자녀를 낳았다.

하지만 김정은 우상화 작업에 혈안이 된 북한당국은 이상할 정도로 김정은의 생모 고영희에 대해서는 침묵을 지키고 있다. 김정일 친모인 김정숙에게 항일 운동가문 출신이라며 '백두 여장군'이라는 호칭을 붙였던 것과는 대조를 보인다. 또 김정일 조문 기간 중이었던 12월 24일이 김정숙의 94번째 생일이라는 점을 대내외에 선전하면서 김일성에서 김정일, 김정은으로 이어지는 '백두혈통'을 통해 '주체혁명 위업'을 이어 완성하자는 주장을 펼치는 등 김정숙을 최대한 활용하고 있다.

이처럼 김정숙과 달리 북한정권이 의도적으로 고영희의 존재를 일부러 무시하는 이유는 뭘까. 북한 전문가들은 그 이유를 고영희의 출신성분에서 찾고 있다.

1953년 일본 오사카에서 태어난 고영희는 재일교포 북송사업이 정점에 달했던 1961년 가족과 함께 북한으로 이주한 재일교포 출신이다. 게다가 고영희의 아버지 고경태는 제주도에서 태어난 유도선수 출신이다. 고영희를 혁명가 혈통으로 끌어올리기에는 아무래도 부담스러울 수밖에 없는 내용들이다. 게다가 1970년대 만수대예술단 무용수 출신으로 활약하다가 김정일의 눈에 띄어 동거에 들어갔다는 과거사도 우상화 소재로는 부적절한 측면이 많다.

실제로 김정일 사망 이후 조선노동당에서 고영희가 재일한국인이었다는 점 때문에 신격화 작업에 커다란 장애물이 될 것을 염려해 고영희가 재일교포 출신이라는 사실을 최고기밀로 지정했다는 일본언론보도까지 나왔을 정도다. 더구나 북한에서는 재일교포 출신 주민들을 천대하는 경향까지 있다. 고영희의 과거를 시시콜콜 잘 알고 있는 재일본조선인총연합회(총련)에 대해서도 조선노동당 직할단체에서 우호단체로 위상을 격하시키는 등 관계 재정비까지 생각할 정도로 북한이 민감하게 반응하는 것도 이 때문이다.

그러나 일각에서는 시간이 어느 정도 지나면 생모 고영희에 대해서도 우상화 작업이 진행될 것이라는 전망을 내놓고 있다. 김정은 후계 체제가 어느 정도 안착하면 고영희를 어떤 식으로든 백두혈통으로 연결 짓는 작업이 진행될 수밖에 없기 때문이다.

실제로 지난 2000년대 초반 고영희 신격화 작업이 시도된 적이 있다. 2002년 조선인민군출판사에서 '존경하는 어머님'으로 표현하는 등 우상화를 위한 과정을 조심스럽게 시작했지만 2004년 5월 프랑스에서 고영희가 유방암으로 숨지면서 중단됐다. 다만 고영희의 출신성분에 대한 비밀유지가 쉽지는 않을 전망이어서 이를 어떤 방식으로 우상화 고리에 연결시킬 지가 관심거리다.

김정은의 또 다른 어머니들

성혜림(1937년생)은 김정일의 첫째 부인이자 장남 김정남의 어머니다. 김정일보다 다섯 살 연상이다. 경남 창원 출생인 성혜림은 6.25전쟁 때 좌익계열 지식인인 부모를 따라 월북했다. 카프(KAPF, 조선프롤레타리아 예술동맹) 작가 리기영의 장남 리평과 결혼해 딸을 낳았다. 하지만 1960년대 북한 영화계의 최고 여배우였던 성혜림은 남편과 이혼하고 영화에 관심이 많았던 김정일과 동거에 들어간다. 1971년 장남 정남을 낳을 때 그녀는 이혼녀 신분이었다. 때문에 후계자 김정일의 부인으로서 공식적인 퍼스트레이디로 살지 못하고 늘 숨어서 없는 존재처럼 지내야 했다. 게다가 김정일의 여성편력 때문에 마음고생도 심했던 것으로 알려진다.

성혜림은 신경성 질환 등으로 1980년대 들어서면서부터 러시아 모스크바로 건너가 장기간 치료를 받았다. 결국 2002년 5월 모스크바 병원에서 아들 김정남이 임종을 지켜보는 가운데 쓸쓸히 세상을 떠났다.

김정일의 부인 중에서 공식적인 인정을 받은 여인은 김영숙(1947년생) 한 명이다. 노동당 간부부 문서원 출신이긴 하지만 조용한 성품에 전형적인 내조자 성격을 지닌 점을 김일성이 인정해 결혼을 허락했다. 김정일 부인 중에서는 유일하게 결혼식까지 치렀다. 하지만 권력과는 거리가 멀었다. 순종적인 성격 탓인지 전면에 나서지도 않았다. 김정은에게는 잊힌 계모인 셈이다. 김정일과는 설송, 춘송 두 딸을 낳았다.

김정일 최후의 여인 김옥

금수산기념궁전에 안치된 김정일 참배 현장을 방영하는 조선중앙TV 화면에 한 여인이 오열을 하는 모습이 비쳤다. 김정일과 마지막을 함께한 김옥(1964년생) 국방위 국장이다. 김정일의 네 번째 부인인 김옥은 김정일을 참배한 뒤 곧바로 아들격인 김정은 부위원장에게 90도 가까이 허리를 굽혀 인사해 관심을 모으기도 했다.

평양음악무용대학 출신 피아노 전공자인 김옥은 1980년대 초부터 김정일을 지근거리에서 보필하기 시작했다. 김정일 서기실 과장을 맡았기 때문이다. 이때부터 김정일의 눈에 김옥이 들어와 있었던 셈이다. 김옥은 2004년 김정은 모친인 고영희 사망 후 김 위원장과 동거에 들어간 것으로 알려지고 있다.

김옥은 최근까지 김정일의 대외행사 때 사실상 퍼스트레이디 역할을 하면서 공개석상에 얼굴을 내비친 여인이기도 하다. 김정일이 중국과 러시아를 방문할 때마다 김옥은 늘 함께 했다. 2000년 조명록 국방위 제1부위원장이 미국을 특사 자격으로 방문했을 때도 국방위 과장 자격으로 동행했다. 또 2005년과 2009년 현정은 현대그룹 회장이 김정일을 찾아갔을 때 배석한 여인도 김옥이다. 그만큼 김옥은 권력의 핵심에서 김정일의 의중을 파악하고 기존 정보라인과는 또 다른 의견을 전달하는 역할을 맡았다. 특히 김정일 건강상태가 악화된 뒤부터는 직접 국정에 간여한 것으로 파악되고 있다.

물론 그녀가 김정일 부인인 줄 아는 북한 주민은 많지 않다. 하지만 김정은 권력승계과정에서 역할을 인정받았기 때문에 당분간은 권력핵심에서 역할을 할 것으로 보인다.

기대야 하는 친고모 김경희

1946년에 태어난 김경희는 김정일 위원장의 유일한 친여동생이자, 조카 김정은에게는 유일한 친고모다. 갓 서른 살의 젊은 나이에 북한 권력을 장악해야 하는 김정은이 유일하게 기댈 수 있는 혈육이기도 하다.

생전에 김정일은 하나뿐인 친여동생인 김경희를 상당히 아꼈다고 한다. 북한에서 유일하게 김정일 앞에서 어떠한 말도 서슴없이 할 수 있는 인물이 있다면 김경희라는 말이 나올 정도였다. 김경희는 어린 시절부터 네 살 많은 오빠 김정일을 많이 따랐다. 6.25전쟁 때 만주로 피난가서 고생했던 기억도 남매 간의 돈독한 정을 키우는데 많은 영향을 줬다.

김경희가 아버지 김일성의 말을 거스른 적이 딱 한 번 있었다고 한다. 결혼 문제다. 김경희는 김일성종합대학 시절 동갑내기였던 장성택을 만나 사랑에 빠졌다. 당시 장성택은 김일성대학 경제학과 학생이었다. 하지만 김일성은 딸 김경희가 지방 출신 평범한 가정의 장성택과 사귀는 것을 탐탁지 않게 생각했다. 심지어 둘을 떼어놓으려고 장성택을 지방대학으로 전학시켰을 정도다. 그러나 아버지 김일성도 장성택과 사랑에 푹 빠져 있던 김경희를 이기진 못했다.

김경희는 대외활동도 활발했다. 대학을 졸업하자마자 당 국제부 과장으로 활동을 시작하더니 국제부 부부장을 거쳐 경공업부 부부장으로 자리를 옮겼다. 2010년 9월 제3차 당대표자회에선 경공업부장으로 직위가 올라갔다. 어린 김정은의 권력세습과정이 쉽지 않을 것을 염려한 김정일은 김경희 경공업 부장에 많이 의지했다. 현장지도도 같이 나가면서 김경희에게 힘을 실어줬다.

김정은의 형제들

김정일 시신이 안치된 평양 금수산기념궁전. 조문객을 맞는 김정은 뒤에서 흐느끼고 있던 검정색 한복 차림의 젊은 여성을 놓고 국내외 언론들의 분석이 엇갈렸다. 김정은 부인이라는 주장과 친여동생 김여정이라는 분석이 맞선 것이다.

시간이 흐르면서 그녀가 김정은의 숨겨진 부인일 가능성이 낮다는데 전문가들의 의견이 모아졌다. 최고지도자의 숨겨진 부인을 북한 주민들이 다 보는 TV 앞에 공개적으로 노출시킨다는 것은 이치에 맞지 않기 때문이다. 특히 1994년 김일성 사망 때도 김정일이 친여동생 김경희와 함께 조문객을 맞은 사례가 있기 때문에 이번에도 김정은의 친여동생 김여정이 뒤에 서 있는 것이 당연하다는 분석이 나왔다.

사실 2010년 9월 28일 당대표자회의 직후 찍은 기념사진에서도 김여정의 모습을 볼 수 있다. 김정일의 넷째 부인인 김옥 국방위 국장 옆에 나란히 서 있는 사진이 찍혔다. 김정일은 친어머니 고영희를 꼭 빼닮은 김여정을 상당히 예뻐했다. 김정일 전속요리사 출신 후지모토는 "(김정일은) 여정 공주가 귀여워 어쩔 줄 몰라 했다. 고영희를 비롯해 가족들이 같이 식사할 때면 왼쪽에 여정 공주를 앉히고 자주 '귀여운 여정아' 하고 불렀다"고 밝힐 정도다.

김여정은 현재 노동당 최고 권력부서인 조직지도부에서 근무하는 것으로 알려지고 있다. 다른 남자형제들은 북한정권에서 아무런 직책도 없지만 김여정은 일찌감치 자리를 잡은 셈이다. 마치 김정일이 형제들 중에서는 유일하게 김경희를 중용했던 것과 비슷하다. 앞으로 김여정의 성장과정도 눈여겨볼 만한 대목이다.

김여정과 달리 다른 형제들은 김정일 사망 후에도 북한을 떠나 외국에서 장기체류할 가능성이 높아 보인다. 김정일과의 권력다툼에서 밀려난 이복동생 김평일의 사례가 있기 때문이다. 김평일은 1970년대 후계구도에서 멀어지자 헝가리, 불가리아, 핀란드, 폴란드 등에서 대사로 떠돌면서 해외에만 줄곧 머물고 있다.

실제로 이복형인 김정남과 친형인 김정철도 북한 권력지도에서 사라진 지 오래다. 김정일 장남인 김정남은 홍콩 마카오에 거주하면서 가끔 국내외 언론에 모습을 비치고는 있지만 북한 권력핵심으로 복귀할 가능성은 당분간 없어 보인다. 2001년 일본에 불법입국하다가 추방된 후 후계구도에서 완전히 멀어졌다. 상당히 개방적인 성향을 보이고 있는 김정남은 국내 언론과의 인터뷰에서 3대 세습 체제에 대한 부정적 입장을 보여 관심을 끌기도 했다.

김정남의 아들 김한솔도 최근 언론의 집중적인 취재대상이 된 적이 있다. 김한솔이 보스니아의 유나이티드 월드 칼리지 모스타르 분교(UWCiM)에 입학한 사실이 공개되면서 전 세계 언론들이 학교까지 찾아가 취재경쟁을 벌였다.

김정은의 친형 김정철도 마찬가지다. 유약한 성격 탓에 김정일의 눈에서 일찌감치 멀어졌다. 후지모토는 "김정일이 '형 김정철은 안 된다. 계집 같아서 안 된다. 나를 닮은 동생 김정은이 낫다'고 말하곤 했다"고 전했다. 김정철은 호르몬과다분비증이라는 건강상의 문제도 있는 것으로 알려지고 있다. 2011년 2월 싱가포르에서 열린 영국출신 팝가수 에릭 클랩튼 공연에 여자친구 또는 아내로 보이는 여성과 참석해 국내외 언론의 주목을 받은 적이 있다.

김정남은 중국의 보험용 카드

중국 지도부가 마카오와 중국을 자주 왕래하고 있는 김정일 국방위원장의 장남 김정남의 후견인 역할을 자처하고 있는 것은 어느 정도 알려진 사실이다. 이미 김정일 위원장의 눈 밖에 난 데다 북한 군부도 노골적인 반감을 드러내고 있는 김정남을 중국이 싸

고도는 이유는 과연 무엇일까. 이와 관련해 일각에서는 중국이 김정남을 북한 내 중국의 입김을 강화하기 위한 카드로 활용하기 위해 공을 들이고 있다는 설이 있다.

일단 북한 내 김정남에 대한 시선은 곱지 않다. 김정일의 요리사였던 후지모토는 김정남이 일본언론과의 인터뷰에서 조선이 아니라 북한이라고 발언한 것에 대해 북한 내 감정이 좋지 않았다고 말한다. 북한에서 북한이라는 호칭은 일본 내에서 일본인들이 한국 사람을 조롱하기 위해 조센징이라고 부르는 것과 같은 뜻으로 받아들여지기 때문이다.

김정일의 장남이지만 김정일 사망 직후 북한이 공식발표한 장의위원회 232명 명단에 포함되지 않은 것만 보더라도 그가 얼마만큼 북한에서 환영받지 못하는 존재인지 알 수 있다. 김정남은 지난 2009년 이복동생 김정은이 후계자로 내정된 후 북한을 방문하지 못하고 있는 것으로 알려지고 있다.

이처럼 북한에서 환영받지 못하는 존재인 김정남의 뒤를 중국이 봐주고 있는 것은 비상시에 중국이 김정남 카드를 활용하기 위해서라고 북한 전문가들은 입을 모은다. 물론 김정일 사망으로 북한과 중국이 더욱 밀접한 관계를 맺을 수밖에 없고 북한 파워엘리트 중 상당수가 친중국파이긴 하다.

하지만 만에 하나 북한 내 권력투쟁이 발생해 김정은이 실각하는 한편 자주파가 세력을 확장하고, 반대로 친중국 세력이 배척되는 상황이 발생하는 것에 대비해 김정남을 보험용으로 비호하고 있다는 분석이 나오고 있다. 김정은이 낙마할 경우, 북한 내 중국의 입지를 강화하는 비장의 무기로 친중국파인 김정남을 활용할 수 있기 때문이다. 김정남도 중국을 가장 믿을 수 있는 보호자로 생각하는 듯하다.

김정남과 함께 한때 김일성 후계자 자리를 놓고 김정일과 다툼을 벌였던 김정일의 이복동생 김평일 주폴란드 북한대사의 거취도 관심거리다. 14년째 폴란드 대사직을 수행하고 있는 김평일은 김정일과의 후계 경쟁에서 밀려난 뒤 헝가리, 불가리아, 핀란드 등지에서 대사직을 수행하면서 24년째 해외생활을 하고 있다. 김평일은 지난 1994년 7월 아버지인 김일성 장례식에 참석했지만 당시 북한방송은 김평일과 그의 어머니 김성애의 모습을 삭제한 화면을 내보냈다. 이번 김정일 장례식에서도 김평일의 모습은 볼 수 없었다.

김정은의
장례정치학

사회주의 지도자 장례는 그 시대의 정치학개론

죽음이란 인간에게 무엇일까. 동서고금을 막론하고 인류의 탄생 이래 끊임없이 제기되는 질문이 아닐까 싶다. 그 정답은 쉽게 찾지 못하겠지만 죽음을 통해 행해지는 의식에서 우리는 많은 것을 엿볼 수 있다.

바로 장례문화다. 특히 사회주의 체제하 정치지도자의 장례식은 후계구도를 노골적으로 드러내는 권력 이양의 장이자 체제 유시를 위한 대규모 선전 도구로 활용되는 경우가 대부분이다. 죽어서도 한 인간이 아닌 체제 유지 '상징물'로서의 역할을 다해야 한다. 이 매뉴얼 칸트가 말하는 '인간의 존엄성'은 찾아보기 힘들고 치열한 정치 논리만이 장례식장을 가득 메운다. 때문에 사회주의 체제하지도자의 죽음은 그 자체가 많은 함축적 의미를 내포한 초대형 정치 이벤트나 마찬가지다.

이 같은 장례의 정치이벤트를 함축적으로 설명하는 단어가 '크렘리놀로지(kremlinology)'다. 구 소련이 건재했던 냉전 시대에 탄생한 용어로 소련의 권력을 상징하는 '크렘린궁'과 사고, 탐구를 뜻하는 그리스어 'log'가 결합된 말로 '구 소련학'이라고도 표현된다. 예를 들어 붉은 광장의 공식행사에서 요인들이 줄을 서는 순서 등을 파악해 국가권력 서열이나 권력의 변화를 추론하는 학문이다. 지금은 사실상 자취를 감춘 이 단어가 김정일 죽음으로 정세가 급변하는 한반도에서 다시 주목받고 있다.

장례위원 서열 = 권력 서열

1976년 9월, 후계구도가 불분명한 상황에서 중국 지도자 마오쩌둥이 급사했다. 호시탐탐 권좌를 노리던 그의 부인 장칭은 장례위원회 명단 1순위에 자신의 이름을 올려놓고자 했다. 장례위원 1순위야말로 차기권력자를 상징한다는 생각에서다. 이미 쩌우언라이, 캉성 등 1세대 혁명가들이 사망한 후여서 자신의 행보를 막을 사람이 없을 것이라는 게 그녀의 판단이었다.

하지만 이 같은 그녀의 생각은 당 내부의 강한 반발에 부딪쳤다.

"마오쩌둥이 생존 당시 그녀의 섭정을 반대했기 때문에 1순위를 인정할 수 없다"는 이유에서였다. 결국 그녀는 당시 후계구도에 이름을 올리던 화궈펑, 왕훙원, 장춘차오, 예젠잉 등에 밀려 '마오쩌둥의 부인'이라는 자격으로 5순위에 만족해야 했다.

이처럼 사회주의 국가의 장례위원회 명단은 현재의 권력 서열을 나타내는 경우가 많다. 자칫 불안정해질 수 있는 1인 독재 체제에서 차기 권력의 공고함을 보여주기 위해 이 같은 방식을 채택한다는 설명이 우세하다. 그렇다보니 장례위원회 서열을 둘러싸고 물밑 암투가 벌어지기도 한다.

북한도 마찬가지다. 김 위원장의 장례를 주관한 장의위원은 모두 232명에 이르지만 그 중 가장 눈에 띄는 이름은 김정은이다. 장의위원 명단의 가장 위쪽에 자리 잡고 있기 때문이다. 다른 장의위원들의 경우 이름만 거명된 반면 김정은은 '동지'라고 표현됐다는 점도 특이하다. 이는 김정은이 김정일을 잇는 공식후계자라는 것을 사실상 공식화하는 절차라는 게 대북 전문가들의 진단이다.

계속 바뀐 장의위원 명단

북한당국이 장의위원 명단을 처음 공개한 것은 김정일 위원장 사망 이틀 뒤인 2011년 12월 19일 정오다. 우리 정보당국은 북한 파워엘리트들이 김정일 위원장 사망 사실을 공개하기 직전까지 한 치의 양보도 없이 가장 치열하게 조율했던 것이 바로 장의위원 명단이었을 것으로 보고 있다. 장의위원 명단 자체가 김정일 위원장 사후 권력 서열을 한눈에 알려주는 의미를 담고 있기 때문이다. 김정은 시대를 이끌고 갈 북한 파워엘리트들의 서열을 제대로 정리한 뒤 대외에 공표해야 하는 막중한 부담도 있었을 것으로 보인다.

하지만 김정일 사망 당시 발표한 장의위원 명단이 김정은 시대 북한 내 파워엘리트들의 최종 권력 서열은 아니었던 것으로 보인다. 장례식이 끝날 때까지 북한 파워엘리트 간 물밑싸움이 계속되면서 여러 차례 장의위원 명단 순서가 조정됐기 때문이다.

대표적인 예가 오극렬 국방위 부위원장이다. 사망 발표 때인 12월 19일 첫 장의위원 명단에서 오 부위원장의 서열은 29번째였다. 하지만 9일 뒤인 12월 28일 영결식 때 나온 장의위원 명단에서는 13번째로 소개됐다. 다음날 추도대회 때는 김정은의 왼쪽 네 번째에 자리를 잡았다. 김정은의 고모 김경희도 애초 장의 명단 서열 14번째에서 5번째로 급상승했고, 김정각 군 총정치국 제1부국장도 24번째에서 17위로 서열이 크게 뛰어올랐다.

이 같은 장의위원 명단 수정에 대해 정보당국은 갑작스런 김정일 위원장 사망에 따른 권력공백 상황에서 신구세력 간 힘겨루기가 여전히 치열하게 진행되고 있는 증거로 보고 있다. 할아버지 김일성 주석과 함께 빨치산 활동을 펼쳤던 원로세력과 김정일 위원장의 권력세습을 적극 도왔던 구세력, 그리고 김정은 세습과정에서 급부상한 신진세력 간 권력 서열 조율이 쉽지 않았음을 보여주고 있다는 설명이다.

일부 전문가들은 북한 권력 서열 조정은 2012년 상반기 중 가장 큰 행사라고 볼 수 있는 태양절(김일성 주석 생일인 4월 15일)이 고비가 될 것이라고 전망한다. 그때까지 김정은이 권력 세습작업을 마무리하면서 세밀한 조직개편과 권력 서열 조정을 통해 김정은 시대의 토대를 다지는 최종 작업을 벌일 것이라는 진단이다.

하지만 김정은을 중심으로 하는 최고권력층 서열이 크게 흔들릴 가능성은 높지 않다는 분석도 많다. 장의위원 명단에서 서열 1위에서 4위까지 변함이 없었고, 일부를 제외하고 대다수 인물들의 서열이 크게 달라지지 않았기 때문이다. 오히려 김정일 위원장 영결식을 앞두고 김일성 주석과 같이 활동했던 원로인사들이나 김정일 체제에서 김정일 위원장이 가까이했던 인물들에 대한 배려차원일 뿐이라는 해석도 나온다. 권력 서열에 관계없이 어디까지나 예우차원에서 이뤄졌다는 얘기다.

출신별로 분류한 장의위원 명단

» 군 (41명) = 1 김정은(당중앙군사위 부위원장), 4 리영호(군총참모장·당중앙군사위 부위원장), 5 김영춘(인민무력부장), 13 리용무(국방위 부위원장), 24 김정

각(군총정치국 제1부국장), 25 우동측(국가안전보위부 제1부부장), 26 김창섭(국가안전보위부 정치국장), 29 오극렬(국방위원회 부위원장), 30 김철만(국방위 위원), 31 리을설(군 원수), 37 백세봉(국방위 위원·제2경제위원장), 57 김명국(총참모부 작전국장), 58 김원홍(총정치국 부국장), 59 현철해(국방위 국장), 60 한동근(인민무력부 총정치국 선전부장), 62 박재경(인민무력부 부부장), 63 변인선(인민무력부 부부장), 64 윤정린(보위사령관), 65 정명도(해군사령관), 66 리병철(공군사령관), 67 최상려(당중앙군사위 군사위원), 68 김영철(정찰총국장), 69 강표영(군 장령), 70 김형룡(군 상장), 71 리용환(군 상장), 72 김춘삼(군 상장), 73 최경성(당중앙군사위 군사위원), 74 리명수(국방위 행정국장), 75 전희정(국방위원회 외사국장), 76 리영길(김성덕소속부대 부대장), 77 현영철(군 대장), 78 최부일(총참모부 부총참모장), 79 양동훈(군 소장), 80 리봉죽(군 상장·전 부총참모장), 81 김송철(군 소장), 83 리병삼(인민내무군 정치국장), 84 전창복(군 상장), 85 오금철(군 상장·전 공군사령관), 87 김성덕(군 상장·인민군 963군부대 지휘관), 88 여춘석(김일성종합군사대학 총장), 89 박승원(군 상장·부총참모장)

» 당 (31명) = 7 김국태(중앙위원회 검열위원), 8 김기남(비서), 9 최태복(비서), 14 김경희(부장), 15 김양건(비서), 16 김영일(비서), 17 박도춘(비서), 18 최룡해(비서), 19 장성택(부장), 20 주규창(부장), 22 태종수(비서), 23 김평해(비서), 27 문경덕(비서), 38 리영수(부장), 39 최희정(부장), 40 오일정(부장), 41 김정임(당 역사연구소장), 42 채희정(부장), 46 홍인범(평남당책임비서), 47 리만건(평북당책임비서), 48 주영식(자강도당책임비서), 49 곽범기(함남당책임비서), 50 오수용(함북당책임비서), 51 노배권(황남당책임비서), 52 박태덕(황북당책임비서), 53 김히택(양강도당책임비서), 54 강양모(남포시당책임비서), 55 임경만(나선시당책임비서), 56 김경옥(제1부부장), 102 성자립(김일성종합대학 총장), 104 강동윤(부부장)

» 정 (24명) = 2 김영남(최고인민회의 상임위원장), 3 최영림(내각 총리), 6 전병호(내각 정치국장), 10 양형섭(최고인민회 상임위 부위원장), 11 강석주(내각 부총리), 12 변영립(최고인민회의 상임위 서기장), 21 김락희(내각 부총리), 28 이태남(내각 부총리), 32 전하철(내각 부총리), 33 강능수(내각 부총리), 34 노두철(내각 부총리), 35 조병주(내각 부총리), 36 한광복(내각 부총리), 91 박의춘(외무상), 92 김형식(석탄공업상), 93 김태봉(금속공업상), 94 전길수(철도상), 95 리무영(내각 부총리), 96 안정수(경공업상), 97 리용남(무역상), 98 유영섭(체신상), 99 박명철(체육상), 100 김용진(교육위원장), 101 장철(국가과학원장)

» **언론·단체** = 43 김기룡(노동신문 책임주필), 44 장병규(최고검찰소장), 90 리용철(김일성사회주의청년동맹 중앙위 제1비서), 103 김정숙(대외문화연락위원장) 등 19명

죽지 않는 권력을 꿈꾸는 미라

독재자들은 죽어서도 편히 쉬지 못한다. 많은 독재자들의 시신은 방부처리돼 영구보존되고, 전시관에서 후손들에게 '관람'된다.

시신이 미라로 영구보존돼 있는 사회주의 국가 지도자들은 레닌(구 소련), 디미트로프(불가리아), 스탈린(구 소련), 고트발트(구 체코슬로바키아), 호치민(베트남), 네트(앙골라), 바남(가이아나), 마오쩌둥(중국), 김일성(북한) 등 총 9명이다. 여기에 김정일까지 포

함하면 10명이 된다.

물론 이들 모두가 자신의 시신을 미라로 만들어달라고 요청한 것은 아니다.

레닌은 유언을 통해 페테르부르크의 어머니 묘 옆에 묻어 달라고 했지만 스탈린 등 당시 공산당 지도부는 정치선전 등을 이유로 영구보존을 선택했다. 레닌의 시신을 미라로 만들어 모스크바 붉은 광장 묘에 안치한 것이다. 마오쩌둥도 화장 뒤 산골(散骨)하라고 유언했지만 방부처리 후 베이징 톈안먼 광장 기념관에 안치됐다. 베트남의 독재자 호치민도 같은 과정을 밟았다. 호치민은 화장해달라는 유언을 남겼지만 레닌처럼 시신이 방부처리됐다. 완벽하게 보존된 시신이 땅에 묻힌 시신보다 대중적으로 더 큰 영향을 미칠 수 있다는 당시 베트남 정부의 판단이 있었기 때문이다.

사회주의 국가에서 지도자들의 시신을 매장하거나 화장하지 않고 미라로 만드는 이유는 무엇일까. 답은 정치적 목적에 있다. 사회주의 정치시스템에서는 모든 권력이 한 사람에게 집중된다. 그만큼 후계자는 전임 지도자에 대한 대대적인 우상화를 통해 사회결속을 다지고 새로운 체제에 대한 국민들의 의구심을 불식시킬 수 있다. 초기에 불안정한 권력기반을 강화시키는 수단으로 사용하는 것이다.

북한이 막대한 돈을 쏟아부으면서도 김일성, 김정일 부자를 미라로 만드는 것도 이 같은 맥락에서 보면 된다. 보통 시신을 영구보존하는 작업에 100만 달러 정도가 들고 이를 관리하는 데만 연간 80만 달러의 돈이 소요되는 것으로 알려져 있다. 그렇지 않아도 외화가 부족한 북한 입장에서 김일성, 김정일 두 구의 미라를 관리하려면 연간 160만 달러(약 17억 원)에 달하는 소중한 외화(?)를 허비해야 한다.

북한이 김일성에 이어 김정일까지 미라로 만드는 것은 그들의 피를 물려받은 김정은을 우상화하기 위한 기초작업의 일환으로도 볼 수 있다.

마오쩌둥식 장례란?

북한은 이번 김정일 장례 절차와 관련해 마오쩌둥식을 따른 것으로 알려지고 있다. 이미 김일성뿐 아니라 베트남의 호치민 등 많은 사회주의 지도자들의 장례에서도 마오쩌둥식 장례는 하나의 교본처럼 활용됐다. 실제로 이번 김정일 장례 절차를 세밀하게 살펴보면 마오쩌둥 장례 때와 놀랄 만큼 닮아 있음을 알 수 있나.

마오쩌둥이 급사하자, 중국 관영 라디오는 중대 뉴스가 있을 것임을 예고한 뒤 "마오 주석이 세상을 떠났다"는 사망 소식을 전했다. 북한도 김정일의 부고를 전하기에 앞서 특별방송을 예고했었다.

중국은 1주일의 애도 기간을 선포하고 각종 행사를 일체 중단했다. 그의 유체는 인민대회당에 안치됐다. 1주일 후 톈안먼 광장에서 열린 추도식은 100만 명이 운집한 가운데 거행됐다. 전국에 사이렌 소리와 함께 전 국민이 일체의 업무를 중단하고 묵념에 나섰고 추도식 참석자들은 마오쩌둥의 초상화를 향해 경건하게 인사를 해야 했다. 이번 김정일 장례식 때도 북한 정부는 마오쩌둥 장례식 때와 마찬가지로 일체 행사를 중단한 채 대규모 군중을 하루에 수 차례씩 조문에 동원하는 등 열흘 가까이 김정일 조문행사를 이어나갔다.

김정은, 다른 형제들 장례식 참석 왜 막았나

김정일 사망 이후 전 세계 언론들의 관심 중 하나는 장남 김정남을 비롯해 다른 형제들이 과연 장례식에 모습을 나타낼 지 여부였다. 특히 김정은의 이복형 김정남은 후계 구도에서는 밀렸지만 김정일의 장남으로 상주 입장에서 충분히 참석할 명분이 있다고 봤기 때문이다. 김정남이 평양으로 가는 비행기를 언제 탈지 몰라 중국 베이징 공항에 기자들이 며칠씩 대기했던 것도 이 때문이었다.

하지만 어떤 언론도 김정남의 모습을 보진 못했다. 그는 '국가장의위원회' 명단에서도 빠졌다. 조선중앙TV에서 생중계한 영결식 장면에서도 김정남의 모습은 없었다. 유일하게 모습을 보인 혈육

김정은 부위원장이 김정일 위원장 시신이 안치된 금수산기념궁전에서 참배하고 있다. 김 부위원장은 아버지 김 위원장 시신 앞에서 여러 차례 울먹거리는 모습을 보이기도 했다.

은 김정은의 여동생인 김여정과 친고모 김경희뿐이었다.

일부 전문가들은 혹시라도 불거질 수 있는 권력투쟁의 싹을 미연에 잘라 버리기 위해 김정은이 형제들의 입국을 막은 것 아니냐는 진단을 내놓고 있다. 김정일 사망 이후 형제 간 권력다툼을 염려한 김정은이 형제들의 입국을 막았거나, 반대로 입국하더라도 추방될 가능성이 있다고 보고 형제들이 아예 입국 시도를 하지 않았을 것이라는 얘기다.

하지만 김정남이나 김정철이 TV나 사진에만 나타나지 않았을 뿐 실제로는 참석했을 가능성이 높다는 분석도 많다. 김일성 사망 때도 김평일을 비롯한 김정일 이복동생들이 장례식에 갔었고, 후계자 선정을 위한 권력투쟁이 이미 끝난 마당에 굳이 막을 이유가 없기 때문이다. 다만 장남인 김정남이 장례식에 참석한 모습이 공개적으로 보도됐을 경우 북한 주민들이 김정일이 후계자 자리를 장남인 김정남이 아닌 3남인 김정은에게 넘긴 과정에 의구심을 품을 가능성을 염려했을 것으로 보인다.

실제로 일본 〈요미우리신문〉은 북한 소식통을 인용해 김정남이 김정일 사망 당일인 12월 17일 소식을 곧바로 전달받았다고 보도했다. 이후 김정남이 곧바로 마카오를 떠나 평양으로 향했다는 것이다. 그는 김정은과 함께 아버지 김정일을 참배했고, 며칠 뒤 마카오로 귀국한 것으로 알려졌다. 외부 노출을 피하기 위해 '김철'이라는 이름의 여권을 사용했고, 평양 직항편이 있는 베이징이 아닌 제3 지역을 통해 마카오로 돌아온 것으로 전해졌다. 그러나 이것도 일본언론이 북한 소식통을 통해 전한 보도일 뿐 실질적으로 김정남이 김정일을 조문했는지 여부를 밝혀줄 만한 증거는 없다.

김정일 미라 어떻게 만들까

김정일 시신은 스러져 자연으로 돌아가는 일반적인 장례 대신 영구보존 절차를 밟았다. 모스크바 크렘린궁 앞 붉은 광장에 안치된 블라디미르 레닌 시신 보존을 맡고 있는 레닌묘연구소 소속 시신보존전문가팀이 김정일 사망 후 일주일 뒤인 12월 25일 평양에 들어간 것으로 알려졌다. 1994년 사망한 김일성 시신도 러시아 전문가들이 영구보존처리한 바 있다.

시신을 오래 보존하기 위해서는 보존액이 필수다. 보존액을 시신에 스며들게 해 부패를 막는데, 김정일 시신에는 천연보존액인 발삼향(香)액이 사용될 가능성이 높다. 구체적인 배합비율이 공개되지는 않겠지만 발삼이 70~80%, 화학용액이

20~30% 혼합된 형태가 될 것이라는 게 전문가들의 추측이다.

발삼(balsam)은 잎이 뾰족한 침엽수에서 나오는 끈끈한 액체로 천연수지의 일종이다. 시신 보존에는 곤충이나 동물 박제에 사용하는 포름알데히드나 페놀 등은 사용하지 않는다. 생전의 혈색과 피부 탄력 등을 유지하는 것이 관건이기 때문이다.

일반 장례에서의 염습과 영구보존처리는 그 과정이 매우 다르다. 염습은 망자의 시신 표면을 닦고 옷만 갈아입힌다. 내부에 별다른 처리를 하지 않아 며칠 후부터 시신이 부패하기 시작한다.

반면 영구보존처리는 시신을 보존액이 담긴 수조액에 담근다. 시신 내부 수분은 빠져나가고 보존액이 세포로 스며들게 하는 과정을 진행한다. 이 과정은 매우 느리게 진행돼 약 8개월 이상 소요된다. 시신을 8~12개월에 걸쳐 보존액에 담가두면 조직 사이사이로 보존액이 침투한다. 근육이나 지방까지 들어간 보존액은 단백질을 변성시켜 단단하게 만든다. 보존액은 소독작용도 겸하기 때문에 세균이나 효소 작용도 억제된다.

인체 내에서 가장 쉽게 부패되는 장기인 뇌와 소장 등은 따로 처리한다. 시신에서 꺼내 보존액이 잘 스미도록 한 후 시신에 다시 넣어준다.

하지만 이 과정을 거쳐도 공기가 완전히 차단된 진공관에 넣지 않으면 보존액이 증발하면서 부패가 진행될 수 있다. 보존처리 후에도 시신에 보존액을 바르거나 1년에 1~2차례 보존액에 시신을 담그는 작업을 반복해야 한다. 시신처리가 번거로운 만큼 비용도 만만치 않다. 1994년 러시아 전문가든이 김일성 시신을 미라로 만들 때 약 100만 달러가 든 것으로 알려졌다. 이후 시신 관리에도 연간 80만 달러 정도의 비용이 소요되는 것으로 파악되고 있다.

김정일 사망 시점과 장소 미스터리

- 2011년 12월 17일 오전 8시 30분 현지 지도 중 열차 내에서 과로에 따른 심근경색으로 사망했다.(북한 중앙방송)
- 평양 교외지역에 위치한 별장에서 2011년 12월 17일 오전 1시에 사망했다.(일본 아사히TV)
- 2011년 12월 16일 오후 8시에 사망한 것으로 추정한다.(국방위원회 소속 미래희망연대 송영선 의원)
- 김정일 위원장이 사망했다고 밝힌 2011년 12월 17일 열차는 움직이지 않았다.(국가정보원)

김정일 위원장 사망 시간과 장소를 놓고 꼬리에 꼬리를 무는 의문이 제기되고 있다. 하지만 진실을 밝히려는 다양한 시도에도 불구하고 김정일 위원장이 언제 어디서 어떻게 사망했는지는 아마도 끝까지 풀리지 않는 미스터리로 남게 될 것으로 보인다. 김정일 위원장의 사망 시점과 장소에 대한 북한의 공식발표를 곧이곧대로 믿는 사람이 거의 없기 때문이다. 북한사회의 폐쇄성을 감안하면 김정일 위원장 사망과 관련된 진실을 쉽게 추정할 수도 없는 노릇이다. 김정일 사망 시점과 장소, 그리고 사망 원인은 북한 내 핵심계층 중에서도 단 몇 명만 알고 있는 최고의 극비사항일 테니 말이다.

때문에 김정일 위원장 사망을 둘러싼 논란은 앞으로도 계속될

김정일 국방위원장은 후계자 김정은 부위원장에 대한 신속한 후계수업을 위해 현장방문 때마다 아들 김 부위원장을 수시로 동행시켰다. 특히 김정일 위원장은 사망 직전까지도 매우 활발한 외부활동을 진행한 것으로 보인다. 사진은 2011년 12월 15일 김 위원장이 평양에 위치한 중국식 '대형마트'인 광복지구상업중심을 방문해 현장 지도하는 모습이다. 이날 김 위원장은 수행원들의 부축도 없이 에스컬레이터를 타고 이동할 정도로 건강한 모습을 보였지만 이날 방문이 마지막 현장지도가 됐다.

수밖에 없다. 이 중 어느 정도 신빙성이 높은 주장도 있을 것이고 어떤 것들은 거의 소설 수준의 설이 그럴싸하게 포장돼 나올 수도 있다.

일단 일본 아사히TV는 김정일 위원장이 북한 측이 공식적으로 밝힌 열차 안이 아니라 평양 교외 별장 집무실에서 사망했다는 보도를 내보냈다. 북한 사정을 잘 아는 소식통을 인용해 아사히TV는 김정일 위원장이 17일 오전 1시께 평양에서 약 40km 떨어진 별장 집무실에서 거의 의식불명 상태로 발견된 것으로 전했다. 사망 시간도 북한 측 발표보다 7시간 정도 빠르다. 아사히TV는 김정일 위원장이 마지막으로 남긴 말은 경호원에게 "물을 달라"는 것이었다고 덧붙였다.

국회 국방위원회 소속 송영선 미래희망연대 의원은 "아버지 김 일성과 마찬가지로 김정일도 새벽형이 아닌 야간형으로 야행성"이 라며 "새벽에 일찍 일어나 현장시찰을 나갔을 리가 없다"고 지적, 북한 측이 발표한 사망 시점과 장소에 대한 불신을 그대로 드러냈 다. 송 의원은 "국정원 발표를 보면 김정일 위원장이 15일 대형마 트를 방문한 이후 16일 김정일 위원장의 동선 파악이 안 됐다"며 "사망 시각을 16일 저녁 8시경으로 추정한다"는 의견을 개진하기 도 했다.

또 사망 장소도 열차가 아닐 확률이 높다고 봤다. 송 의원은 "북 한 발표내용을 보면 열차 안에서 과로로 사망했다는 내용을 과도 하게 강조하고 있다"며 "관저에서 죽었다고 말하기보다는 북한 주 민들을 위해 일하다 죽었다는 것으로 미화시키기 위한 것으로 보 인다"고 꼬집었다.

원세훈 국가정보원장도 북한이 김정일 위원장 사망 소식을 전한 바로 다음날인 지난 2011년 12월 20일, 국회 정보위원회 전체회의 에 출석해 "북한이 전일 방송한 내용과 방송 이후 국정원이 파악한 김 위원장 사망 당시 주변 정황이 서로 맞지 않는다"며 "사망 일시, 장소에 대한 북한방송 발표를 그대로 받아들이기 힘들다"고 말했 다. 원 원장이 북한 발표에 대해 의혹을 제기한 것은 국정원이 파악 한 바로는 북한당국이 김정일 위원장 사망 시점으로 발표한 17일 오전 8시 30분에 김정일 전용열차가 평양 용성역에서 움직인 사실이 없었기 때문이다.

국회 외교통상위원회 소속 박선영 자유선진당 의원도 "김정일 위원장은 잘 알려진 것처럼 오전 8시쯤 일어나 마사지와 물리치료를 받고 아침식사를 한 뒤 11시부터 일을 시작하는데 새벽같이 열차를 탔다는 건 있을 수 없는 일"이라며 "김정일이 16일 새벽 1시 30분쯤 기차 안이 아닌 평양 근처 자모산 별장에서 숨졌다"는 자체 분석 정보를 내놓기도 했다.

이 같은 추정의 근거로 박 의원은 15~16일 이틀간 김정일 위원장 전용열차 3대가 움직이지 않았고 16일 인민군이 완전무장한 채 백두산 근처까지 이동했고 17일 새벽부터는 중국군이 국경 근처까지 내려왔던 점을 들었다.

김정일 위원장의 사망 원인에 대해서도 의견이 분분하다. 북한 측이 밝힌 대로 심근경색이었다면 김정일 위원장 주변에 있는 의사들이 충분히 대처해 사망까지는 가지 않았을 것으로 보기 때문이다.

미국 자유아시아방송(RFA)은 북한 고위급과 끈이 닿아 있는 중국의 한 소식통을 인용, 북한 지도부의 늑장대처로 김정일이 사망했다는 설을 제기하기도 했다. 김정일 위원장이 협심증을 앓고 있었는데 미국으로부터 협심증 치료 의료장비 도입이 늦춰지면서 사망했다는 얘기다. 북한 전문매체인 데일리NK는 북한 내부 소식을 인용해 "김정일 위원장의 사인에 대해 과도한 음주에 따른 심장발작이라는 소문이 북한 내에 퍼지고 있다"고 전하기도 했다.

외신이 바라본 김정일

해외 언론인 그리고 해외 지도자들에게 김정일 위원장은 어떤 모습으로 비쳐졌을까.

대다수 외신과 해외 지도자들은 김정일 위원장을 북한 주민들을 기아상태로 몰고 간 실패한 독재자이자 핵무기로 글로벌 안보를 위협한 호전적인 전쟁광, 그리고 기벽의 지도자로 받아들인다.

지난 2002년 1월 조지 W. 부시 전 미국 대통령은 연두교서에서 북한, 이란, 이라크 3국을 악의 축(axis of evil)이라고 부르면서 북한에 대한 반감을 노골적으로 드러냈다. 북한에 대한 언짢은 감정은 북한 지도자인 김정일 위원장에게도 그대로 이어졌다. 북한을 악의 축으로 묘사한 연두교서를 발표한 지 4개월이 지난 그해 5월, 부시 대통령은 키가 작고 배가 나온 김정일 위원장을 '피그미족(키가 작은 아프리카 부족)'으로 비하해 부르는 등 인신공격적인 발언을 서슴지 않았다. 김정일 위원장을 버릇없는 아이라고 표현하기도 했다.

또 부시 대통령은 김정일 위원장을 '실패한 지도자'(2003년 10월), '폭군'(2005년 4월), '위험한 인물'(2005년 4월) 등으로 지칭, 대화상대라기보다는 비이성적인 범법자 정도로 바라봤다.

서방의 외신들도 대부분 김정일 위원장을 벼랑 끝 전술을 즐겨 사용하는 독재자, 폐쇄적인 북한사회를 지배하는 은둔의 지도자,

1. 영화광 김정일 위원장은 젊은 시절에도 영화촬영현장을 수시로 찾아갔다. 〈피바다〉현지촬영현장
   에서 배우들에게 직접 지시하는 모습.
2. 김정일 위원장이 평양의 예술공연장 로비에서 아들 김정은 부위원장을 비롯한 측근들과 담소를
   나누고 있다.
3. 김정일 위원장이 예술공연 후 출연자들과 함께 기념촬영하고 있다.
4. 김정일 위원장이 평양의 대표적 유원지인 개선청년공원을 김정은 부위원장과 방문해 웃고 있다.

우상화·신격화를 통해 북한 주민들을 세뇌시킨 인물, 아사자가 속
출해도 호화스러운 생활을 하는 왕 같은 존재 등 부정적인 이미지
로만 바라봤다.

다만 김정일 위원장을 직접 만났던 일부 지도자들은 다소 다른
평가를 내놓기도 한다.

지난 2002년 미국이 북한을 악의 축으로 묘사하고 김정일 위원

장에 대한 험담을 늘어놓을 때 김정일 위원장을 대면한 아베 신조(安倍晋二) 전 일본 총리는 "김정일 위원장이 논리적으로 이야기하고 이성적으로 생각할 수 있는 지도자라는 인상을 받았다"고 회고하기도 했다. 빌 클린턴 대통령 시절 방북한 올브라이트 전 국무장관도 김정일 위원장을 만난 뒤 "다소 이상하지만 지적이고 박식하다"는 평을 한 바 있다.

외교잡지 〈포린폴리시〉는 김정일 위원장을 기벽의 지도자로 서술했다. 〈포린폴리시〉는 먼저 영화광이었던 김정일 위원장이 2만 장이 훌쩍 넘는 영화 비디오테이프를 소장한 것으로 전했다. 지난 2007년 노무현 대통령이 북한을 방문했을 때 김정일 위원장에게 한국 영화와 TV 드라마를 담은 DVD를 선물한 것은 잘 알려진 사실이다.

김정일 위원장은 또 미국 프로농구 시카고불스 소속으로 최고의 기량을 선보였던 마이클 조던을 좋아해 그가 뛴 모든 경기를 녹화한 필름을 소장했다고 한다. 김정은도 스위스에서 유학할 때 공부보다는 농구를 더 좋아한 것으로 알려진 것을 보면 부전자전이다.

김정일 위원장은 값비싼 양주인 헤네시 코냑 최대 고객이었다. 한 병에 70만 원에 달하는 고가의 헤넥시 코냑을 매년 65만 달러에서 72만 달러어치씩 구입했다고 한다. 대식가이자 미식가이기도 했던 김정일 위원장은 덴마크산 베이컨, 이란산 캐비어 등을 즐겼다고 한다.

　　푸틴 총리의 측근인 콘스탄틴 풀리코프스키 러시아 극동 연방지구 대통령 전권대리인은 저서 《오리엔트 특급 *The Orient Express*》을 통해 김정일 위원장이 2001년 8월 러시아를 방문했을 때 16량 전용열차에 프랑스 와인을 가득 싣고 다녔고, 살아 있는 바닷가재를 배달시키기도 했다고 밝히고 있다.

　　김정일 위원장은 북한을 통치하면서 제대로 된 외교를 한 적이 없다. 그가 방문한 나라는 중국과 러시아뿐이다. 기차로 갈 수 있는 곳이 그곳밖에 없었기 때문이다. 김정일 위원장은 비행기 타는 것을 싫어했다. 지난 1976년 헬리콥터 추락 사고의 악몽 때문에 생긴 비행공포증 탓이었다.

AP통신 평양지국 출범

2012년 1월 16일 서방언론사 중에서는 처음으로 글로벌 통신사 AP가 평양 중심가에 위치한 조선중앙통신 빌딩에 평양지국 사무실을 만들었다. AP는 지난 2006년 5월부터 평양에 영상물만 송출할 수 있는 지국을 개설해 운영해왔다. 이번에 영상물은 물론 기사와 사진까지 함께 작성해 보도할 수 있는 종합지국으로 확대 개편된 것이다. 평양지국에서는 북한 출신의 취재·사진기자 2명이 일하게 된다. AP는 2011년 6월 말 뉴욕에서 조선중앙통신과 평양지국 개설 등을 포함한 양해각서(MOU)를 체결했고, 2012년 초 평양에 종합지국을 개설할 계획이라고 밝힌 바 있다.

북한 지도자, 담배도 3대째 대물림?

'북한 권력층에게 담배는 필수품인 것일까.'

북한의 새로운 권력자가 된 김정은 부위원장도 김일성 주석이나 김정일 국방위원장처럼 담배를 피우는 것으로 알려졌다.

확실한 증거는 아직 없다. 김정일 위원장의 사망 이후 김정은의 대외활동이 외부에 일부 공개되고 있지만 담배를 피우는 장면이 직접적으로 노출되지는 않았다. 하지만 2012년 1월 8일 북한 조선중앙TV가 방영한 김정은의 기록영화 〈백두의 선군혁명 위업을 계승하시어〉를 보면 김정은이 군사훈련을 참관하는 장면에서 그의 바로 앞에 위치해 있는 탁자에 재떨이와 쌍안경이 놓여 있는 것이 포착된다. 재떨이가 준비돼 있다는 것은 김정은이 담배를 피우기 때문 아니겠느냐는 추측이 나오는 이유다.

김정은이 10대 시절 담배를 피웠다는 증언도 있다.

김정일 위원장의 요리사를 지낸 일본인 후지모토 겐지는 《북한의 후계자 왜 김정은인가》라는 책에서 김 부위원장이 10대 중반부터 술과 담배를 시작했고 "V하자"면서 자신에게 담배를 얻어 피우기도 했다고 밝혔다. 후지모토는 김정은 부위원장을 '애연가'라고 표현하며 그가 좋아했던 담배가 '이브생로랑'이라고 소개했다.

김 부위원장의 할아버지인 김일성 주석과 아버지인 김정일 위원장이 담배를 좋아했다는 사실은 이미 공개된 바 있다. 두 사람은 의료진으로부터 금연을 수차례 권고받았지만 사망하기 전까지 담배를 놓지 못했던 것으로 전해진다.

1994년 6월 북한을 방문한 미키 다케오 전 일본 총리의 부인 미키 무쓰코 여사는 사망 한 달 전 김일성 주석 인상에 대해 "병색은 전혀 찾아볼 수 없었으나 담배는 많이 피우고 있었다"고 전한 바 있다. 실제 김일성 주석이 외국정상들과 회담하는 자리에서 담배를 피고 있는 모습이 수차례 포착되기도 했다.

김정일 위원장의 '담배사랑'도 유명하다. 김 위원장은 1990년대까지 '골초'로 알려져 있었다. 하지만 2001년 중국을 방문했을 때 건강을 위해 담배를 끊었다고 밝혔다. "담배는 심장을 겨눈 총과 같다"는 말까지도 했다.

하지만 김 위원장은 담배를 끝까지 멀리하지는 못했다. 사망 직전까지 담배를 피웠다는 정황이 곳곳에서 드러나고 있다. 실제 사망하기 직전인 2011년 11~12월 공개된 김 위원장 사진에 재떨이가 등장한다. 특히 재떨이가 일률적으로 김 위원장 오른손 앞쪽에 놓여 있는 것은 뇌졸중 이후 왼손을 잘 사용하지 못하는 김 위원장을 배려한 조치라는 분석도 나온다. 2011년 8월 러시아 방문 때는 오른손에 담배를 들고 있는 김 위원장 모습이 외신카메라에 포착되기도 했다.

김정은 권력 장악 시나리오

우상화·신격화를 통한
3대 세습

권력승계 사전에 준비됐다

20대 후반의 젊은 지도자의 등장은 북한사회 전반에 불안감을 키울 소지가 충분하다. 김정은이 새 지도자로 내정된 지 불과 3년 만에, 공식적으로 모습을 드러낸 지 1년 만에 북한 국정을 책임져야 하는 상황이 됐기 때문이다. 물론 김정일이 김정은 시대를 사전에 치밀하게 준비한 정황이 많이 발견되고 있다. 예상을 뛰어넘는 빠른 속도로 권력승계가 진행되고 있기 때문이다. 김정일 사후 권력승계 로드맵은 이미 사전에 충분한 준비를 거쳐 완성된 것으로 보인다.

북한은 2011년 12월 17일 오전 8시 30분, 김정일이 갑자기 사망한 뒤 이틀간 유고 사실을 숨겼다. 과연 12월 19일 낮 12시 김정일

북한은 12월 29일 평양 김일성광장에서 대규모 김정일 국방위원장 중앙추도대회를 열었다. 김정은 조선노동당중앙군사위원회 부위원장이 가운데에 자리를 잡은 가운데 김영남 최고인민회의 위원장, 장성택 국방위 부위원장, 리영호 당중앙군사위 부위원장, 김영춘 인민무력부장 등 당정군 고위간부들이 인민학습당 발코니에 나란히 서서 추도대회를 지켜보고 있다. 10만 인파가 모인 이날 추도대회에서 추모사와 연설문 등을 통해 충성맹세가 잇따르면서 사실상 김정은 즉위식이 됐다는 평가를 받았다.

사망 공식발표 때까지 총 27시간 30분간 무슨 일이 벌어진 것일까.

정보당국은 고모인 김경희 경공업부장과 고모부 장성택 국방위 부위원장을 중심으로 리영호 인민군 총참모장 등 최측근들이 미리 준비된 매뉴얼에 따라 움직인 것으로 보고 있다. 중국 최고권력층과의 긴밀한 연락도 이때 이뤄진 것으로 알려졌다.

김정일 사망 공식발표와 김정은을 중심으로 결집을 강조하는 성명서와 방송이 곧바로 이어지고, 시신도 신속하게 공개했다. 급작스런 권력이동에 따른 동요를 막기 위한 움직임도 곧바로 나타났다. 대표적인 것이 장성택 부위원장이 장례 기간에 갑자기 대장 군복을 입고 모습을 보인 점이다. 군경험이 사실상 없는 것으로 알려진 장성택이 대장 계급을 달았다는 것은 사전에 어느 정도 최고권력층에서 교감이 이뤄졌음을 보여주는 것이기도 하다. 김정일이 사후 매뉴얼에 넣도록 했을 가능성이 높다.

영결식 다음날인 12월 29일 김일성광장에서 열린 중앙추도대회도 마찬가지다. 10만 명 이상이 모인 추도대회는 김정은 노동당중앙군사위원회 부위원장이 이끄는 새 시대의 개막을 선언하는 자리가 됐다. 권력핵심으로 부상한 최측근들이 전면에 나섰다.

최태복 당비서가 사회를 보고, 헌법상 국가수반인 김영남 최고인민회의 상임위원장이 추도회를 통해 김정은을 치켜세웠다. 김 상임위원장은 "우리 혁명의 진두에는 주체혁명위업의 계승자이신 김정은 동지께서 서 계신다. 김정일 동지의 사상과 영도, 담력과 배짱을 이어받은 최고 영도자이시다"라며 새로운 지도자에 대한 충성맹세를 이끌어냈다.

순조로운 세습을 위한 권력장악도 매뉴얼대로 차근차근 진행되는 모습이다. 김정은은 공식 애도 기간이 끝난 다음날인 2011년 12월 30일 당 정치국회의를 열었다. 이 자리에서 김정은은 군 최고사령관으로 전격 추대됐다. 김정일 사망 13일만이다. 이는 전문가들이 2012년 1월 김정은 생일이나 2월 김정일 생일 등 주요 기념일을 즈음해서 이뤄질 것이라는 전망보다 앞선 것이었다.

과거 김정일은 생모인 김정숙 생일날에 최고사령관으로 추대된 바 있다. 김일성 주석이 사망하기 3년 전인 1991년 12월 24일 노동당중앙위원회 전원회의에서다. 북한당국은 김정일의 '10월 8일 유훈'에 따른 조치라고 밝히고 있지만 김 위원장이 틈날 때마다 권력 핵심층에게 이 같은 내용을 주문했을 것이라는 게 전문가들의 분석이다.

전문가들은 이런 속도라면 김정은이 이른 시일 내에 북한 최고 권력기관인 국방위원회 위원장과 노동당 총비서로 추대될 가능성도 높다고 점치고 있다. 이미 북한은 2010년 4월 헌법개정을 통해 최고사령관이 국방위원장을 겸임할 수 있도록 해놓은 상태다. 김정은이 국방위원장을 통해 군권을 장악하고, 노동당 총비서로 당권까지 쥘 것이라는 얘기다. 김정은 유일지배 체제를 구축하기 위해선 당과 군부에서 속도감 있게 권력승계작업을 진행하는 것이 필수적이기 때문이다.

이와 관련해 노동당중앙군사위원회가 당분간 핵심 권력기구가 될 가능성이 높다. 김정일은 2010년 9월 28일 당대표자회의에서 노동당이 김정은 후계체제를 조직적으로 뒷받침할 수 있는 틀을 마련해놨다. 김정일은 그동안 유명무실했던 노동당 조직을 전면에 부각시키면서 정치국 위원과 후보위원 숫자를 확대해 당중앙군사위 위상을 끌어올려 놨다. 국방위원회가 북한 최고권력기구이긴 하지만 정책결정기구에 불과한 반면 노동당은 전국적인 조직이 있기 때문에 노동당의 전폭적인 지원은 김정은 세습체제 조기구축에 큰 힘을 발휘할 수 있다.

물론 김일성 사망 후 김정일이 '주석' 자리를 비워놨듯 김정은도 '국방위원장' 자리를 공석으로 놔두고 당분간 유훈통치에 나설 가능성도 충분하다. 또 김정은이 당총비서에 오르는 것도 크게 서두르지 않을 수 있다. 김정일도 1994년 김일성 사망 이후 3년상을 마친 1997년 당총비서에 올랐기 때문이다.

직책승계와는 무관하게 김정은을 중심으로 하는 실질적인 권력 승계는 이미 신속하게 진행되고 있다. 북한 기관지들은 '경애하는 김정은 동지를 수반으로 하는 당중앙위원회를 목숨으로 사수하자'는 구호를 애도 기간 중에 수차례 반복했다.

당중앙위원회의 수반은 바로 당총비서를 의미한다. 김정은이 이미 실질적으로 당총비서 역할을 수행 중이라는 해석이 가능하다. 노동당 규약에는 당총비서가 당중앙군사위 위원장을 겸직하도록 돼 있지만 김정일 사망으로 공석이기 때문에 김정은이 총비서 역할을 사실상 대행한다고 볼 수 있다.

2011년 12월 30일 정치국 회의에서는 당중앙위와 중앙군사위 공동구호도 결정했다. 그동안 북한은 새해가 되면 새로운 당 구호를 발표했지만 이번에는 연말로 앞당겼다. 이번에 결정된 당 구호는 '위대한 김일성 조국, 김정일 장군님의 나라를 김정은 동지 따라 만방에 빛내이자'다. 김일성-김정일-김정은으로 이어지는 백두혈통에 따른 유훈통치와 대를 이은 충성을 다짐하는 내용인 셈이다.

반대파 숙청작업도 이미 상당부분 진행된 것으로 알려지고 있다. 2009년 김정은을 후계자로 내정한 직후 중앙당 조직지도부부터 시작해 2010년에는 지방당과 법기관들, 2011년에는 중앙 고위직과 지방 권력층까지 미리 손을 본 것으로 파악되고 있다. 김정은으로의 권력세습에 걸림돌이 될 만한 인물들은 이미 색출했다는 분석이다.

1995년 김정일 vs 2012년 김정은

김정은 체제 출범에 따른 권력이동 준비과정은 17년 전 김일성 사망 후 이뤄진 김정일 권력승계 매뉴얼을 그대로 따르고 있다. 김일성에서 김정일로 권력이 넘어갈 때 쌓아놓은 노하우를 이번에 그대로 활용하고 있는 셈이다.

전문가들은 젊은 지도자 김정은에 대한 불안감을 줄이기 위해서라도 권력세습이 안정적으로 이뤄지는 모습을 보일 필요가 있기 때문이라고 분석한다. 새로운 시도보다는 안정적으로 체제가 이어지고 있음을 과시하는 측면이 강하다는 진단이다.

단적으로 2012년 1월 1일 〈노동신문〉 1면을 보면 알 수 있다. 1면 전체를 김정일 찬양 노래인 〈조선의 힘〉 악보와 가사로 채웠는데 1995년 1월 1일자와 거의 비슷하다. 당시에도 〈노동신문〉은 신년공동사설과 함께 김 주석의 사진을 1면에 실었다.

공동사설 내용도 판박이다.

"5천년 우리 민족사에서 일찌기 없었던 최대의 불행이며 그 무엇으로도 만회할 수 없는 우리 당과 인민의 가장 큰 손실이었다."
"5천년 민족사에서 최대의 손실이었고 우리 당과 인민의 가장 큰 슬픔이었다."

앞의 문장은 김일성의 사망에 대한 1995년 사설, 뒤의 문장은 김정일 사망을 애도하는 표현으로 2012년 신년사설에 들어간 내용이다.

또 권력세습을 정당화하는 내용도 똑같이 포함됐다. 1995년에는 "위대한 영도자 김정일 동지는 곧 경애하는 수령님이시다"는 표현을 썼고, 이번에는 "경애하는 김정은 동지는 곧 위대한 김정일 동지이시다"라는 문구를 넣어 대를 이은 충성의 정당성을 강조했다.

오히려 새 지도자 김정은에 대한 호칭은 더 강해졌다. 17년 전에는 새 지도자 김정일을 '친애하는 지도자' 또는 '위대한 영도자'로 호명했다. 하지만 김정은에 대해서는 '우리 당과 우리 인민의 최고영도자'라는 호칭부터 '백두의 천출명장'과 같은 표현까지 썼다.

김정은 부위원장 첫 공식활동 장소도 마찬가지다. 김정은은 '근위서울류경수 제105탱크사단'을 새해 첫 방문지로 정했다. 부친인 김정일이 김일성 주석 사망 후 첫해인 1995년 1월 1일 북한군 제

214부대를 방문해 군 중심의 결속의지를 다진 것과 유사하다.

이처럼 김정은이 기존 김정일 체제와 방식을 그대로 따르고 있는 것은 북한 주민들이 김정은 체제가 정해진 수순에 따라 아무런 문제없이 정상적으로 권력기반을 다져가고 있다고 생각하게 하려는 의도로 볼 수 있다. 새로운 지도체제에 대한 안정감을 높이기 위한 사전포석이라는 얘기다.

김정은 체제 조기 착근에 올인

김정일 사망 후 외부에서 생각했던 것 이상으로 북한 지배계층은 일사불란하게 움직였다.

김정일의 3남인 김정은을 김정일 장의위원회 명단 가장 앞자리에 배치, 김정은이 김정일의 후계자이자 북한 권력 서열 1위라는 점

북한은 2011년 12월 30일 노동당 정치국 회의를 열어 2012년 새해 당중앙위와 중앙군사위 공동구호로 '위대한 김일성조국, 김정일장군님의 나라를 김정은동지 따라 만방에 빛내이자'를 발표했다. 또 이날 회의에서 김정은 당 중앙군사위원회 부위원장을 군 최고사령관으로 추대했다.

을 명확히 했다. 김정은은 또 상주 입장으로 한국에서 조문을 온 이희호 여사, 현정은 회장을 맞이하는 등 북한의 유일무이한 후계자 위상에 맞는 역할을 했다. 북한 내에서 가장 큰 힘을 발휘하는 군도 김정일에 대한 충성을 맹세했다는 북한매체 보도도 잇따랐다.

김정은에 대한 호칭도 최고권력자에 걸맞게 신속하게 바뀌었다. 김정일 사망 전 당중앙군사위원회 부위원장이라는 직책을 가지고 있던 김정은을 곧바로 최고사령관, 당중앙위원회 수반(총비서)으로 격상시킨 점도 김일성, 김정일, 김정은으로 이어지는 3대 세습체제를 공식화하기 위한 것이나 마찬가지다. 최고지도자를 의미하는 '존경하는', '경애하는' 이란 존칭을 사용하는 한편 김정은을 소개할 때 김정일에게만 쓰던 '당군인민의 위대한 영도자', '위대한 계승자'라는 수식어도 사용하고 있다.

이처럼 김정은 체제가 조기 착근하는 모습을 보이면서 갑작스런 김정일 사망으로 권력암투가 벌어질 수 있다는 세간의 전망을 무색하게 만들고 있다. 한 치의 흔들림도 없이 북한 지도층이 김정은을 새로운 지도자로 옹립하는데 올인하고 있는 데는 그만한 이유가 있다. 북한 지배층의 안전과 생존 자체가 북한체제 안정과 직결돼 있기 때문이다. 권력암투로 북한정권이 흔들리면 피해를 보는 것은 바로 자신들이라는 점을 잘 알고 있다는 얘기다.

결국 체제 유지를 굳건히 하기 위해 김정일을 이을 지도자로 김정은을 신속히 내세워 북한 내부에 혼란이 없다는 점을 대외에 천명하는 것이 급선무였을 것이란 해석이 가능하다.

체제 정통성 측면에서도 김정일이 2년 전 후계자로 지목한 김정은이 자연스레 김정일의 뒤를 이어 북한을 이끄는 시스템이 내부 혼란을 최소화할 수 있는 최선의 선택일 수밖에 없었다는 진단이다. 만에 하나 김정은 체제를 전복시키려는 쿠데타세력이 있더라도 이들을 결집시킬 수 있는 방법이 별로 없다는 점도 김정은 체제 조기 착근에 힘을 실어주는 이유다.

김정은 우상화·신격화 속도전

김일성, 김정일 모두 북한 주민에 대한 지배력을 강화하기 위해 우상화와 신격화를 많이 활용했다는 점에서 북한정권은 김정은에 대한 신격화도 단계적으로 진행할 것으로 보인다. 김정은이 김정일의 셋째 아들임에도 북한 3대 세습 후계자로 지목된 배경 중 하나는 김정은의 골격과 모습이 할아버지인 김일성을 많이 닮았기 때문이다. 군사적인 능력을 우상시하는 북한 주민들의 충성심을 유도하기 위해 북한매체들이 군대 배경이 전혀 없는 김정은을 명사수 혹은 전술의 대가라며 치켜세우는 것도 신격화의 또 다른 모습이다.

특히 김정은 신격화를 위해 모친인 고영희가 일본 출신 재일교포라는 점을 발설하면 엄벌에 처하는 조치를 취한 것으로 일본언

1. 북한은 김정일 위원장 사망 직후 2종류의 우표를 발행했다. 왼쪽은 김 위원장의 모습을 김정일화와 목란꽃과 함께 넣은 우표, 오른쪽은 김정은 부위원장과 함께 서 있는 모습을 담은 우표로 김정은 모습이 담긴 우표가 나온 것은 이번이 처음이다. 김일성 주석과 김 위원장이 백두산을 배경으로 함께 서 있는 그림을 연상시킨다. 특히 백두산을 배경으로 김 위원장과 김 부위원장이 함께 있는 사진을 넣어 세습의 정당성을 강화하려는 의도로 풀이된다.

2. 김정일 위원장이 평양의 대표적 유원지인 개선청년공원을 김정은 부위원장과 방문해 웃는 모습. 김정일 사후 발행한 우표 사진을 자세히 보면 이 사진을 그대로 쓰면서 주변 인물을 지웠다는 것을 쉽게 알 수 있다.

3. 20대 시절 김정일 위원장이 김일성 주석의 사진에 대해 지시를 내리고 있다. 노동당 선전선동부에서 일하던 시절로 추정된다.

4. 김일성경기장 건설 현장을 찾아가 지시하는 김정일 위원장 모습. 오른쪽 두 번째에 지난 2005년 사망한 연형묵 국방위 부위원장의 모습도 보인다. 김일성경기장은 지난 1945년 10월 14일 김 주석이 첫 귀국연설을 한 곳으로 모란봉경기장으로 불렸던 곳이다. 1982년 4월 김일성 70회 생일을 맞아 확장 개축하면서 김일성경기장으로 명칭을 바꿨다.

5. 김정일 위원장이 20대 시절 왕재산 혁명 사적지 건설현장에서 지시하는 모습. 왕재산은 함경북도 온성군 왕재산리에 있는 산이다. 북한에서는 이 산을 1933년 김일성이 반일 인민 유격대 간부들을 이끌고 국내 항일 무장투쟁을 다짐한 혁명 사적지로 미화하고 있다. 2011년 우리나라 공안당국에서 적발한 간첩조직 왕재산의 이름도 여기서 나왔다.

론들은 보도하고 있다. 김정은을 신격화하려면 혈통의 순수성이 중요한데 모친이 재일교포라는 사실이 알려지면 신격화 작업이 훼손될 수 있다고 보기 때문이다. 김정일도 러시아 하바롭스크 군기지에서 태어났지만 민족의 성지인 백두산에서 태어났다고 주장하는 것도 같은 맥락이다.

김정은은 어린 시절에는 '샛별장군', '청년대장'으로 불렸다. 2009년 1월 후계자로 내정된 이후에는 '김대장'으로 바뀌었다. 이 시기에 나온 〈발걸음〉이라는 김정은 찬양가요를 보면 "척척척 우리 김대장 발걸음"이라고 돼 있는데 김대장이 바로 김정은을 말한다. 또 3대 세습을 정당화하기 위해 북한 각 기관 앞에 있는 비석현판을 수령복(福), 장군복, 대장복으로 구분했다. 수령복은 김일성을, 장군복은 김정일을, 대장복은 김정은을 지칭하는 것으로 북한이 3대 복을 누린다는 뜻이다. 김정은이 백두혈통의 3대임을 강조하는 의미이기도 하다.

김정은은 김정일 사망 직전까지는 '대장동지'로 불렸다. 하지만 김정일 사망 직후 김정은에 대한 호칭이 크게 바뀌고 있다. 12월 22일 북한 노동당 기관지인 〈노동신문〉 사설은 김정일 위원장에 썼던 위대한 동지라는 표현을 김정은에 쓰기 시작했다. 24일 오후 '우리의 최고사령관'이라는 제목의 정론에선 "우리는 심장으로 선언한다"며 "김정은 동지를 우리의 최고사령관으로, 우리의 장군으로 높이 부르며 선군혁명 위업을 끝까지 완성할 것"이라고 밝혀 김 부위원장의 군 최고사령관 추대를 시사했다.

또 〈노동신문〉은 앞장서서 김정은에 대해 '21세기의 태양', '어버이'라는 극존칭을 쓰며 김정은이 차기 지도자임을 분명히 했다. '경애하는', '최고사령관', '태양', '어버이' 같은 극존칭들이 쏟아졌다. 태양이나 어버이라는 표현은 그동안 김일성과 김정일 두 인물에게만 썼던 호칭이다. 김정은을 김일성, 김정일과 같은 반열에 올린 셈이다.

이외에도 '탁월한 영도자', '천출위인', '걸출한 사상이론가', '불세출의 선군영장' 등의 존칭도 쏟아냈다. 김정일이 후계자로 내정된 후 10년 정도 지나서야 붙었던 호칭이 김정은에게는 곧바로 쓰이고 있다. '존경하는 김정은 동지', '희망의 등대', '정신적 지주', '위대한 김정은 동지'처럼 김일성이나 김정일에 쓰던 표현을 그대로 물려받았다. 반면 더 이상 청년대장과 같은 과거 표현은 쓰지 못하게 했다.

조선중앙통신도 마찬가지다. 김정은을 '우리 혁명무력의 최고영도자'라고 호칭하고 '경애하는 김정은 동지를 수반으로 하는 당 중앙위원회를 목숨으로 사수하자'는 구호를 공개해 김정은을 김정일과 같은 급으로 취급하고 있다.

북한은 김정은이 어리다는 이미지보다는 믿을 만한 지도자라는 인식을 주기 위해 노력하는 모습이다. 특히 백두에서 시작된 주체혁명위업을 이어갈 후계자임을 강조해 김정은을 받들어 모셔야 할 대상으로 신격화하는 작업에 착수했다. 또 김정은의 이미지를 늠름, 다정다감, 따뜻함 등으로 포장해 아버지 김정일과의 차별화도 시도했다. 김정은이 김정일 조의식장 주변에 편의시설을 설치해 추도객들에게 더운 음료를 나눠주고 몸을 녹일 수 있는 대형버스와 의료서비스를 제공하도록 지시했다고 북한이 선전했던 것도 이런 이유에서다.

북한언론들은 6만 개의 발열붙임띠(핫팩)를 제공한 것도 김정은이라고 계속 강조했다. 조선중앙방송은 조의식장을 찾은 주민들이 모자나 머릿수건, 장갑 등을 착용할 수 있도록 하고 조의를 표할 때만 벗게 했다면서 김정은의 크나큰 은정이라고 치켜세웠다.

2011년 12월 30일에는 김정은 우표도 처음으로 등장했다. 북한에서 혁명의 성산이라고 일컫는 백두산을 배경으로 김정일과 김정은의 모습을 함께 담았다. 과거 백두산을 배경으로 김일성과 김정일이 함께 있는 그림이 많이 나왔던 점을 고려할 때 김일성-김정일-김정은으로 이어지는 3대 세습의 정당성을 알리기 위한 차원으로 볼 수 있다.

음악도 김정은 찬양노래 위주로 점차 바꿔나가고 있다. 조선중앙TV가 2012년 1월 1일 0시 30분에 〈발걸음〉이라는 김정은 찬양가요를 일종의 뮤직비디오 형태로 만들어 내보냈다. 〈발걸음〉을 뮤직비디오 형태로 방송한 것 자체가 처음이다. 이 노래는 지난 2009년 1월 김정은이 후계자로 내정된 직후부터 전 주민에게 보급되기 시작했다. 인민군이나 국가안전보위부와 같은 기관에서는 공식행사 필수곡이다. 노래 가사에는 '척척 척척척 발걸음/우리 김대장 발걸음'이라는 식으로 김대장이라는 호칭이 들어가 있다. 김정은을 지칭하는 표현이다.

북한은 또 최근 들어 지난 1947년 만들어진 〈조선청년행진곡〉이라는 노래를 청년 지정곡으로 적극 홍보하고 있다. 김정일 중앙추도대회에서 리용철 김일성사회주의청년동맹 1비서가 공개적으로 "조선청년행진곡을 더 힘차게 부르자"고 외치기도 했다. 이 노래는 김일성 정권 초기에 만들어진 노래로 '김장군 두리(주위)에 뭉치자'라는 표현이 핵심인데, 김일성과 김정은을 동일화하려는 시도이기도 하다.

이 같은 신격화 작업 등을 병행하면서 김정은은 중국을 빠른 시간 내에 방문, 북중 정상회담을 개최함으로써 중국으로부터 정통성을 완전히 인정받고 국제사회의 공식적인 인정을 얻어내는 노력을 기울일 것으로 보인다.

김일성 닮은 꼴, 김정은 성형설

성형설까지 나돌 정도로 김정은 외모는 할아버지 김일성 수식을 빼닮았다.

김정은이 차기 지도자로서 외부세계에 처음 모습을 드러낸 것은 지난 2010년 9월 노동자 대표자회의에서다. 헤어스타일은 물론 얼굴이나 체형까지도 젊은 시절의 김일성을 연상케 했다. 그동안 베

김정은 체제가 본격적으로 시작된 2012년 새해를 맞아 김정은 부위원장이 건설현장을 방문해 관계자들에게 지시하는 모습. 김 부위원장은 옷 입는 스타일은 물론 걸음걸이까지 비슷해 할아버지인 김일성 주석을 자주 연상시킨다. 특히 군인이나 주민들을 만날 때 과감한 스킨십까지 보여 고도의 연출이라는 분석부터 김 주석의 후광을 노린 것이라는 평가까지 나오고 있다.(왼쪽 사진)
김일성 주석과 김정일 위원장이 만경대 생가를 찾아 얘기를 나누고 있다.(오른쪽 사진)

일에 가린 성장과정 만큼 대내외적으로 특별히 내세울 만한 업적이 없었던 김정은을 단숨에 김일성을 잇는 후계자로 부각시키려는 의도로 볼 수 있다.

김정은은 김정일 영결식과 추도대회 때 단추가 두 줄로 달린 검정색 코트를 입고 등장했다. 김일성이 젊었을 때 즐겨 입었던 바로 그 옷이다. 귀가 드러나도록 옆머리카락을 바짝 쳐낸 헤어스타일도 젊은 김일성의 모습을 연상시킨다. 심지어 장갑도 김일성이 애용했던 검은 가죽장갑을 꼈다. 아버지 김정일이 털장갑을 주로 꼈던 것과는 다르다.

행동도 김정일보다는 김일성 모습 그대로다. 김정일 사망 이후 김정은의 첫 공식행사였던 2012년 1월 1일 '근위서울류경수 제

105탱크사단' 방문 때 모습이 이를 단적으로 보여준다. 내외신이 보도한 김정은 방문 동영상을 보면 외모뿐 아니라 걸음걸이나 제스처까지도 김일성과 닮았다.

코트 주머니에 양손을 넣고 고개를 뒤로 약간 제치고 걸어가는 모습은 1958년 김일성의 중국 방문 때와 흡사했다. 탱크사단 군인들과 이야기할 때 오른손으로 크게 손짓을 하는 모습은 체 게바라를 만날 때 김일성 모습과 똑같다.

여기에 과감한 스킨십과 호탕하게 웃는 모습까지 김일성을 연상시킨다. 김정은은 탱크사단 부대원들과 찍은 사진에서 병사들의 손을 잡고 팔짱을 끼는 모습을 보여줬다. 마치 1957년 11월 김일성이 베트남을 방문했을 때 크게 웃으면서 호치민 주석과 팔짱을 끼고 걷는 모습 그대로다.

이처럼 김정은이 할아버지 김일성 모습을 연상시키는 외모와 행동을 보이는 것은 20대 후반의 젊은 지도자가 김일성 후광을 십분 활용해 내부결속을 다지기 위한 것으로 보인다. 또 그의 부족한 연륜과 3대 세습체제에 대해 염증을 느낄 수 있는 기존 핵심권력층의 도전을 무마하기 위한 의도도 담고 있다. 여기에 힘든 시기에 김일성이 환생해 돌아왔다는 이미지를 연출해 북한 주민들의 결집력을 끌어올리는 효과도 노리고 있다. 그리고 이 모든 것은 김정일 사후 공백상태에 빠질 수 있는 권력기반을 강화하기 위한 궁극적인 목적을 가지고 있다.

여기에 북한은 김정은의 효자 이미지 부각에도 신경을 쓰는 모습이다. 북한방송을 통해 눈물을 흘리는 모습이 여러 차례 방영됐기 때문이다. 영결식 때 김정은은 검은색 코트 차림으로 영구차의 맨 앞에 서서 왼손으로 차량을 붙잡은 채 울면서 광장에 입장했다. 직접 영구차를 호위하면서 식장에 들어선 것 자체가 전혀 예상치 못했던 장면이다.

이에 앞서 김정은은 김정일 시신이 안치된 금수산기념궁전을 찾아 애도할 때마다 울먹이는 모습을 보여줬다. 손수건으로 눈물을 닦는 모습도 보였다. 아버지를 잃은 앳된 20대의 슬픔은 장년층을 중심으로 주민들 결속에 어느 정도 효과를 발휘한 것으로 분석되고 있다. 게다가 김정은은 기념궁전을 5차례나 찾아가 애도를 표했다. 김정은의 아버지에 대한 지극한 효심을 극대화해 주민들의 동정표를 얻겠다는 의도로 보인다.

김정은 시대 이후 북한에서 뜨는 노래

김정일 시대에서 김정은 시대로 넘어가면서 북한의 찬양가에도 변화의 바람이 일고 있다. 가장 주목받는 노래는 김정은에 대한 첫 찬양가요로 알려진 〈발걸음〉이다. 조선중앙TV는 2012년 1월 1일 오전 0시 30분에 〈발걸음〉을 뮤직비디오와 유사한 형태인 '화면음악'으로 처음 내보냈다. 김정은 시대가 본격적으로 열렸다는 신호탄인 셈이다. 노래가 흘러나오는 동안 화면에는 김정은의 업적으로 알려진 '축

포야회(불꽃놀이)'와 컴퓨터수치제어 기계들은 물론 인공위성 발사, 탱크와 전투기가 동원된 군사훈련 등이 비춰졌다.

〈발걸음〉은 전체가 3절로 구성됐고 '척척 척척척 발걸음/우리 김대장 발걸음' 등 김정은을 의미하는 '김대장'이라는 표현이 들어 있다. 이 곡은 북한 최고 작곡가로 꼽히는 리종오가 작사·작곡한 것으로 알려져 있다.

북한은 2009년 1월 김정은을 김정일 공식후계자로 내정한 직후 〈발걸음〉을 전 주민에게 보급했고 이 노래를 인민군과 국가안전보위부, 인민보안부 등 각급 기관의 공식행사 필수곡으로 지정했다.

특히 조선중앙TV에 〈발걸음〉이 화면음악으로 처음 등장한 이후 다른 북한매체들도 앞다퉈 〈발걸음〉을 소개하면서 홍보에 열을 올리는 모습이다. 이는 김정일에 비해 세습 준비가 덜된 김정은의 입지를 확고하게 하기 위한 전략의 일환으로 보인다는 게 전문가들의 분석이다.

김정일 사망 이후 북한이 또 집중적으로 홍보하는 또 다른 노래는 〈조선청년행진곡〉이다. 2012년 연초부터 북한은 각종 언론매체를 앞세워 북한 청년들 사이에 〈조선청년행진곡〉이 큰 인기를 끌고 있다고 보도하고 있다. 이 노래는 해방 직후 김일성을 찬양하기 위해 만들어진 것으로 알려져 있다. 작곡가는 지금은 사망한 김원균으로 북한 최고 작곡가 중 한 명이다. 총 3절로 구성된 이 곡은 절마다 '김장군 두리(주위)에 뭉치자'는 가사가 있다. 1절 가사는 '발걸음도 우렁차게 김장군 두리에 뭉치자'다.

김일성과 김정일이 모두 사망했기 때문에 김장군은 김정은을 연상시킬 수 있고 발걸음이라는 단어도 김정은 찬양가인 〈발걸음〉을 연상시키게 한다는 점에서 김정은 우상화를 위해 〈조선청년행진곡〉을 적극적으로 홍보하고 있는 것으로 분석된다.

북한이 처음 이 노래를 띄우기 시작한 것은 김정은이 공식후계자로 등장한 후 5개월여 뒤라는 시점도 이런 분석을 뒷받침해준다.

당분간은 유훈통치

김정일 사망 후 과도기적인 상황에서 당분간 김정은은 군을 최우선으로 하는 선군정치 등 김정일 때의 정책을 그대로 답습할 것으로 보인다. 일명 유훈통치를 통해 내부결속을 강화하고 아직은 취약한 지지기반을 다질 전망이다. 지난 1994년 김일성이 심장마비로 사망했을 때 권력을 잡게 된 김정일도 김일성 후광을 통해 인민들의 지지를 확보하기 위해 유훈통치에 나선 바 있다.

김정일은 김일성이 사망 전까지 추진했던 북핵 문제와 관련한 북미회담을 김일성 사망 한 달 뒤 곧바로 재개해 그해 10월 북미기본 합의서에 서명하고 곧바로 핵개발 동결을 선언하는 대가로 미국으로부터 경수로 건설 등의 약속을 받아냈다. 경제난 해결을 위해 나선 경제무역지대 개발 등 경제자유특구 건설을 통한 외자유치 등 제한적인 수준의 경제문호 개방에도 나선 바 있다. 김정일은 이처럼 김일성이 추진했던 정책을 이어가는 형식으로 3년여간 유훈통치를 지속했다.

김정은도 권력을 완전히 장악하고 내부적인 불안정성을 없애기 위해 당장 김정은만의 새로운 정책을 만들어 나가기보다는 김정일의 정책을 이어가는 유훈통치에 무게 중심을 둘 것으로 보인다. 실제로 김정은은 김정일 사망 후 곧바로 유훈통치의 첫발을 내디뎠다.

김정일 사망 발표 하루 뒤인 2011년 12월 20일, 북한매체는 김정은이 김정일의 유훈을 받들어 평양시내에 생선을 공급하도록 하는 지시를 내렸다고 밝혔다. 유훈통치를 명확하게 밝히는 대목이다. 그리고 이틀 뒤인 12월 22일 북한 〈노동신문〉도 '김정일 유훈 준수' 사설을 게재해 김정은 유훈통치를 확인했다. 김정은이 12월 28일 김정일 장례식을 마친 후 첫 번째 방문지로 택한 곳이 탱크부대였다는 점도 군을 우선시하는 김정일의 정치 전략을 그대로 이어가겠다는 의지 표명으로 해석할 수 있다.

김일성 100번째 생일이 돌아오는 2012년에 강성대국에 진입한다는 경제정책도 그대로 유지할 것으로 보인다. 김정일 사망 후 강성대국에서 강성국가로 명칭을 바꾸기는 했지만 제한적인 개혁·개방을 통한 외자유치와 북중경협을 통해 경제성장을 모색할 것으로 보인다. 핵개발 문제와 관련해서는 미국의 체제 보장과 경제적 지원이라는 선물을 받아내는 차원에서 협상에 나설 가능성도 있다. 2012년 신년사에서 핵 문제를 거론하지 않은 것도 미국과의 대화 창구를 열어놓겠다는 의지로 읽힌다.

김정은은 김정일 사후 체제 혼란을 막고 안정적 권력승계를 위해 김일성처럼 김정일 시신을 미라 형태로 영구보존, 유훈통치수단으로 활용할 것으로 보인다. 김일성 부자의 시신을 미라로 만들어 영구보존하는 것은 전 세계적으로도 그 유례를 찾아볼 수 없는 행위로 북한의 세습정치를 정당화하기 위한 선전전술의 일환이다.

김정일에 이은 선군정치

새로운 북한의 지도자인 김정은의 첫 공식활동이 어떤 내용일지에 대한 국내외 관심이 높았다. 대내외적으로 김정은 체제의 최우선 관심사항이 무엇인지 그리고 통치철학이 무엇인지를 읽을 수 있기 때문이다.

김정은은 지난 2009년 1월 후계자로 내정된 이후 그동안 아버지 김정일을 수행해 공개활동에 나섰을 뿐 단독으로 나간 적은 없다. 그만큼 지도자로서의 자신만의 모습을 보일 기회가 없었던 셈이다. 정치적 기반을 다지고 카리스마를 보여준다는 측면에서도 김정은이 초기 공식활동을 어떻게 활용하느냐가 상당히 중요하다.

김정은이 2012년 1월 1일 첫 대외행사 방문장소로 정한 곳은 '근위서울류경수 제105탱크사단'이다. 2011년 12월 17일 김정일 사망 후 2주 만에, 12월 31일 군 최고사령관으로 추대된 후 하루 만에 이뤄진 첫 공식활동이다.

김정은이 군부대를 첫 방문지로 정한 것은 김정일에 이어 '선군정치'를 하겠다는 의지표명으로 봐야 한다. 김정일도 생전에 신년 첫 공식활동을 근위서울류경수 제105탱크사단에서 시작한 사례가 많았다. 게다가 제105탱크사단은 북한 역사상 선군정치의 출발점이기도 하다. 6.25전쟁 때 서울에 처음 들어온 북한군 탱크부대이기 때문이다.

북한군 최고사령관이자 노동당중앙군사위 부위원장인 김정은이 2012년 1월 1일 새해 첫 공식활동으로 '근위서울류경수 제105탱크사단'을 방문했다. 제105탱크사단은 6.25전쟁 때 서울에 처음 들어온 전차부대로, 첫 공식활동을 이 부대에서 시작했다는 것은 선군정치를 계승하겠다는 뜻으로 풀이된다. 북한은 김정일 위원장이 1960년 8월 25일 김일성 주석과 함께 이 부대를 방문한 날을 '선군영도 개시일'로 정하고 있다.

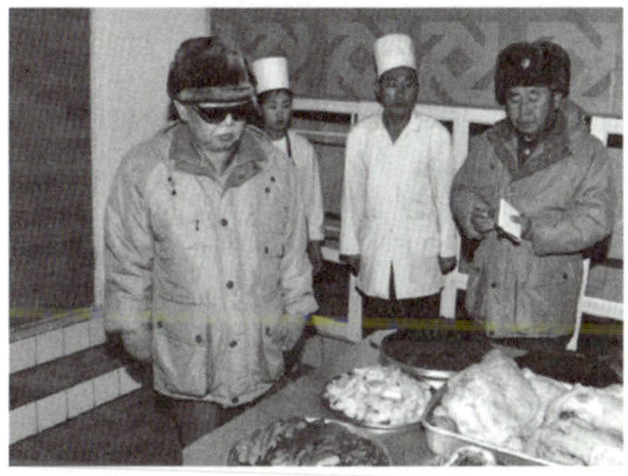

김정일 위원장이 2011년 11월 후계자 김정은 부위원장과 함께 북한 공군 제813부대를 시찰하는 모습.

지난 1960년 8월 25일 김일성과 김정일이 방문한 적이 있는데 이 날을 북한에서는 '선군영도 개시일'로 정해놓고 있다. 또 김정일도 김일성 사망 후 처음 맞이한 새해 첫날이었던 1995년 1월 1일에 북한군 제214부대 방문을 시작으로 대외활동을 시작했다.

그만큼 선군정치를 중요하게 생각하고 있음을 단적으로 보여준다. 어려운 경제사정으로 고생하는 북한 주민들의 민심을 달래기 위해선 제조업공장과 같은 산업현장을 찾는 것도 중요하지만 군부대를 첫 방문지로 선택한 것은 군의 사기를 제고하고 장악하는 것이 급선무라고 봤기 때문이다. 군은 북한체제 안정의 핵심이기도 하다. 또 선군정치는 대남관계 악화를 의도적으로라도 감수하겠다는 것을 의미한다. 남한과 긴장관계를 끌어올려 결속을 다지려는 목적도 가지고 있다.

실제로 김정은은 1월 1일 군부대 방문에서 선군정치 계승의지와 체제안정을 과시했다. 이날 첫 공식활동에는 김정은을 둘러싼 북한 권력 실세들이 모였다. 리영호 당중앙군사위 부위원장, 장성택 국방위 부위원장, 김정각 군총정치국 제1부국장 등이 총출동했다. 고위 실세간부들을 동행시켜 체제 결속을 과시한 셈이다. 이날 곧바로 이어진 금수산기념궁전 참배에서도 김영남 최고인민회의 상임위원장, 최영림 내각총리, 김영춘 인민무력부장 등 원로들을 포함한 당정군 고위인사들이 김정은을 수행했다.

이러한 선군정치의 모습은 김정일 위원장 장례식 때 금수산기념궁전 참배 모습에서도 찾아볼 수 있다. 김정은 시대 권력핵심으로 급부상한 장성택 국방위원회 부위원장이 대장 군복을 입고 등장한 점을 눈여겨볼 필요가 있다. 장성택이 대장차림의 군복을 입고 모습을 드러낸 것 자체가 처음이기 때문이다.

참배할 때도 당중앙군사위, 국방위, 군 최고사령부 등 군 고위간부가 김정은 부위원장을 수행해 권력의 중심축임을 드러냈다. 특히 김정은이 참배객을 맞이할 때 우측에 리영호와 장성택이 나란히 군복을 입고 서 있는 모습은 선군정치의 의지를 강하게 보여줬다.

김정일 위원장 영결식 때도 마찬가지다. 금수산기념궁전 광장을 무장한 호위사령부 군인들이 모두 채웠다. 영결식 길 양쪽에도 국가안전보위원과 인민보안원이 아닌 군인들로 가득했던 점은 김정은 체제 안정화 과정에서 군을 전면에 내세우겠다는 얘기로 볼 수 있다.

북한 2012년 신년공동사설로 본 김정은 정책

북한의 신년공동사설은 정치, 경제 등 각 분야에서 그해에 북한이 나아갈 지향점을 제시한다는 점에서 많은 의미를 함축하고 있다. 신년공동사설은 북한 노동당 기관지 〈노동신문〉, 군 기관지 〈조선인민군〉, 김일성 사회주의 청년동맹 기관지 〈청년전위〉 3개 신문에 공동으로 실린다.

2012년 신년공동사설은 김일성, 김정일로 이어지는 2대 세습을 마무리하고 전 세계적으로 유례가 없는 3대 세습에 나선 김정은 시대를 열면서 처음으로 발표된 사설이다. 때문에 앞으로 김정은이 어떤 방향으로 북한을 이끌어나갈지에 대한 통치철학을 엿볼 수 있다는 점에서 전 세계적으로 큰 관심을 받았다.

이번 신년공동사설의 제목은 '위대한 김정일 동지의 유훈을 받들어 2012년을 강성부흥의 전성기가 펼쳐지는 자랑찬 승리의 해로 빛내이자'이다. 우선 신년공동사설은 김정은 체제 안정에 무게중심을 뒀다. 사설은 '김정은 동지는 곧 위대한 김정일 동지'라며 김정은을 후계자로 치켜세웠다. 전당, 전군, 전민이 방패가 돼 김정은 동지를 결사옹위하자고 주장하기도 했다. 사설은 16번에 걸쳐 김정은을 언급했다. 김일성, 김정일에 비해 후계자수업 기간이 짧고 그만큼 우상화 작업이 진행되지 못한 김정은을 북한의 새로운 지도자로 각인시키려는 노력의 일환인 셈이다.

내부적으로 체제를 공고히 다지는 방향으로 가면서 남 측에 대해서는 강력한 비난을 이어갔다. 2010년과 2011년 신년공동사설에는 '북남관계 개선', '대화와 협력을 적극 추진' 등의 어구가 들어가 있었다. 하지만 2012년에는 이 같은 표현이 사라졌다. 대신 남측을 강력 비난하는 문구들이 크게 늘었다. 사설은 "남조선 보수 집권세력은 시대의 흐름과 민심의 지향에 역행해 친미사대와 동족대결, 북침전쟁책동을 강화했다"고 말했다. 한국 정부가 조문을 전면 허용하지 않은 것에 대해서도 비난수위를 높였다.

이처럼 북한이 노골적으로 한국 정부 때리기에 나선 것은 2013년 한국 정권교체를 앞두고 임기가 채 1년도 남지 않은 현 이명박 정부와 대화를 하지 않고 차기 정권과 대화에 나서는 방향으로 입장을 정리했기 때문으로 풀이된다. 때문에 당분간 남북 대화가 쉽게 재개되기는 힘들 것으로 보인다.

다만 이번 사설을 통해 한국 정부를 강력 비판하면서도 미국을 비난하지 않고 핵 문제에 대해서도 전혀 언급하지 않은 점은 미국과의 대화채널을 계속 열어놓겠다는 북한의 의도를 보여준다는 평가다. 김정일 사망 후 〈노동신문〉 사설과 추도대회에서 등장한 핵 보유국 선언도 신년공동사설에는 찾아 볼 수 없었다.

〈워싱턴포스트〉는 이를 두고 "미국과 북한 간 추가적인 대화에 대해 북한이 열린 입장을 보인 것으로 해석된다"고 보도했다. AP통신도 "북한의 올해(2012년) 신년 메시지에는 그동안 관례였던 미국에 대한 비판이 포함되지 않았고 핵 언급도 없었다"며 "이는 북한이 식량지원을 받기 위해 미국과 계속 대화할 의지가 있음을 시사하는 것"이라고 분석했다. 북미 간 3차 대화가 이뤄질 수 있나는 전망이 나오는 이유다.

하지만 4년 만에 다시 주한미군 철수를 요구하기도 했다. 사설은 "내외 호전세력의 군사적 결탁의 위험성에 각성을 높이며 조선반도 평화보장의 기본 장애물인 미제 침략군을 남조선에서 철수시켜야 한다"고 주장했다.

"중국, 러시아에 대해서는 우호관계를 강화해야 한다"며 "위대한 장군님께서 진행하신 중국과 러시아에 대한 역사적 방문은 세계평화와 동북아시아의 안전을 보장하고 전통적인 친선관계를 발전시키는데 중요한 계기가 됐다"고 평가했다.

경제 분야에서는 식량 문제 해결을 강조했다. 신년공동사설은 "현 시기 인민들의 먹는 문제, 식량 문제를 푸는 것은 강성국가 건설 초미의 문제"라며 "오늘 당 조직들의 전투력과 일군들의 혁명성은 식량 문제를 해결하는 데서 검증된다"고 밝혔다. 북한의 식량 확보가 최우선 과제 중 하나라는 점을 강조한 대목이다.

또 지식경제 강국을 선언했다. 사설은 "지식경제 강국을 세우기 위한 성스러운 투쟁"이라고 언급하며 구체적인 실천사항으로 컴퓨터수치제어(CNC)를 통한 공업기술 수준 향상과 정부기술, 나노기술, 생물공학의 발전을 거론했다. 특히 제조과정에서 컴퓨터를 통해 기계 공구를 자동으로 조작하는 CNC는 북한이 김정은의 대표적 업적으로 선전하는 사업이라는 점에서 앞으로도 이 같은 지식산업 분야에 대한 대대적인 홍보가 이뤄질 것으로 보인다.

또 눈여겨볼 만한 대목은 김정일의 유훈사업인 '강성대국 건설'이라는 표현이 상당폭 완화됐다는 점이다. 2011년 신년사설에서는 '강성대국'이라는 표현이 21차례 언급됐다. 하지만 2012년 사설에서는 '강성대국'을 5차례만 언급했고 대신 '강성부흥(10차례)', '강성국가(10차례)'라는 표현이 자주 등장했다.

이 때문에 북한이 현재의 경제파워를 가지고는 달성 가능성이 희박해진 강성대국이라는 목표를 이보다 다소 약화된 강성국가라는 단어로 대체, 스스로 목표수준을 하향조정했다는 지적도 나온다.

김정은의 첫 과제는 식량난 해결

김정은 체제가 가장 시급하게 풀어야 할 숙제는 주민들의 식량난이다. 세계식량농업기구(FAO)나 세계식량계획(WFP) 분석에

1. 김정일 위원장은 후계자로 공식 지명받은 후 산업현장을 직접 찾아다니면서 경제를 챙기는 모습을 보였다.
2. 김정일 위원장이 원산 영예군인 수지일용품공장과 룡성기계연합기업소를 방문해 관계자들과 얘기를 나누고 있다.
3. 김정일 위원장이 평양시 경공업제품전시장을 둘러보면서 관계자들과 얘기를 나누고 있다.

따르면 2011년 북한의 식량부족분은 41만 톤을 넘어설 정도로 심
각했다. 식량생산이 전년보다 8.5% 늘었지만 해외에서 32만 톤의
식량을 수입하더라도 수요 대비 절대적으로 공급이 부족해 당장
식량지원이 필요한 북한 주민만 300만 명에 달하는 것으로 파악되
고 있다.

북한에서 식량은 체제 안정성과 직결된다. 새로운 지도자 김정
은 국방위 부위원장을 아무리 우상화하고 권력을 세습시키려 해도
주민들의 배고픔을 해결하지 않고선 공허할 수밖에 없다. 후계체
제 안정화를 위한 필수요건이 식량난 해결인 셈이다.

특히 2012년은 김정은 부위원장의 첫 집권년도이자 지도자로
서의 능력을 시험하는 해이기도 하다. 당장 최근 사망한 김정일 위
원장의 생일이 2월 16일이고 4월 15일에는 김일성 주석 100회 생
일을 앞두고 있다. 특히 주체 101년을 맞아 강성국가를 선포해야
하는 중차대한 시점에서 식량 문제 하나 해결하지 못한다는 불만
이 북한 주민들 사이에서 봇물 터지듯 흘러나올 경우, 김정은 본인
이 큰 부담을 느낄 수밖에 없다. 북한이 6자회담이나 핵 문제와 연
결시키면서까지 식량 문제를 거론하는 것도 그만큼 북한의 식량난
해결이 급하다는 방증이다.

이와 관련해 배급제 문제를 어떻게 그리고 어떤 방향으로 풀어
낼지가 김정은 경제정책의 시금석이 될 전망이다. 배급제 활성화
는 결국 북한이 시장경제를 끝까지 인정하지 않겠다는 뜻이기 때

문이다. 북한에서 배급제는 1952년 '국가식량배급에 관한 규정'에 따라 도입됐지만 그동안 많은 우여곡절을 겪었다. 1957년 양곡 자유판매금지 조치를 통해 사실상 완전한 배급제를 실시했지만 식량난이 심각해지면서 유지하기가 힘들어졌다.

배급제가 붕괴된 것은 김정일 체제 때다. 1990년대 후반 고난의 행군이라고 불렸던 시기에 북한은 배급제를 실시할 수 없는 상황에 몰렸다. 결국 김정일 위원장은 2002년 '7.1경제관리개선조치'를 발표하면서 배급제를 사실상 폐지했다. 물론 당시에는 김정일이 중국 방문 때 인상 깊게 지켜봤던 중국의 성공적인 개혁·개방정책을 북한에도 한 번 실험해보는 취지도 있었다. 배급제를 포기하는 대신에 장마당이라는 소규모 장터가 활성화된 것도 이때다.

하지만 사실 배급제는 북한체제 유지를 위한 기본 조건이자 사회주의 계획경제 근간을 유지하는 하나의 축이다. 사회주의 경제체제를 통해 주민들을 굶기지 않고 식량을 충분히 배급해 줄 수 있다는 능력을 보여주는 한편 배급제를 통해 치밀한 사회통제도 함께 할 수 있기 때문이다.

이처럼 북한 독재체제를 유지하는 데 커다란 역할을 하던 배급제를 2002년 폐지한 후 북한은 사회주의체제 자체가 크게 흔들릴 수 있다는 위기감을 느꼈다. 장마당이 활성화될수록 사회주의 경제 역할이 축소됐고, 장마당을 통해 주민들이 자본주의 문화에 점차 물들어가는 모습을 보였기 때문이다. 결국 북한은 지난 2005년 국가양곡전매제를 실시하기로 결정, 배급제를 다시 부활시켰다.

그러나 식량부족으로 완전한 배급제는 실시하지 못하고 제한적인 배급제에 머물고 있다. 현재 북한에서 배급제는 평양 특권층과 북한군 정도에서만 제한적으로 실시되고 있다. 북한 전체 주민의 20% 정도만 배급제 적용을 받고 있는 셈이다. 지역으로는 충성도가 높은 평양 정도만 배급제를 통해 북한이 직접적인 통제 대상으로 삼고 있다는 해석도 가능하다. 나머지는 각자 알아서 식량 문제를 해결해야 하는 상황이다. 때문에 김정일 사망 직후 장마당을 당분간 금지하라는 지시가 떨어졌을 때 북한 주민의 80%가 먹을거리를 걱정할 수밖에 없었다.

이처럼 북한경제에 핵심적인 부분을 차지하고 있는 배급제와 관련, 김정은 부위원장도 가능한 한 배급제를 전면 확대하는 방향으로 나아갈 개연성이 높다는 분석이다. 김정일 위원장이 배급제를 폐지했다가 체제 불안이라는 부작용에 깜짝 놀라 서둘러 배급제 확대에 올인했다는 점을 감안하면 김정은 부위원장도 배급제를 강화하는데 무게 중심을 둘 것이라는 얘기다. 이 경우 시장경제를 더 많이 받아들이는 개혁·개방과는 다른 방향으로 북한의 경제상황이 흘러갈 수밖에 없다.

그러나 배급제를 강화하려면 어디까지나 충분한 규모의 식량을 확보하는 것이 전제가 돼야 한다. 아무리 사회주의체제 강화를 위해 배급제 확대를 원하더라도 배급해줄 식량이 없으면 배급제 자체가 유명무실해지고 결국 북한정권이 그토록 두려워하는 시장이 그 역할을 대신할 수밖에 없다. 결국 김정은 정권이 주민들을 굶기지 않으면서 식량을 배급할 수 있는 능력을 얼마나 유지할 수 있을지가 관전 포인트가 될 전망이다.

경제난 속 외화벌이에 집착하는 김정은

김정일 북한 국방위원장 사후, 최고지도자 자리에 오른 김정은의 첫 지시가 '외화 사용 금지'인 것으로 알려졌다. 특히 김정일 위원장의 유훈임을 내세워 지시를 어기면 사형까지 처할 수 있도록 한 것으로 전해진다. 북한 전문가들은 김정은의 외화 사용 금지 조치를 김정일 위원장 사망으로 사회가 혼란스러운 상황에서 주민들이 시장경제에 물드는 것을 용납하지 않겠다는 강력한 의지로 풀이하고 있다.

북한 전문매체와 탈북자들에 따르면 김 위원장 장례식이 끝난 지 이틀 뒤인 2011년 12월 30일, 김정은의 지시가 김정일의 '유훈 관철'이란 이름으로 주민들에게 하달됐다. 주된 메시지는 '달러와 중국 위안화를 비롯한 모든 외화 사용을 중지한다'는 것이었다.

2011년 10월 이후 북한 국정운영에 관여해 온 김정은은 그동안 외화 절약을 주요 정책 중 하나로 제시해 왔는데, 이제는 절약을 넘어 아예 금지를 지시한 것이다.

북한 소식을 전하는 데일리NK는 함경북도 소식통을 인용해 "상부에서 '유훈관철 내용이므로 일체의 달러와 위안화를 비롯한 외화를 시장에서 유통하면 마약보다 엄중히 처벌하라'는 지시가 내려왔다"며 "유훈방침으로 외화거래와 관련해 어떤 변명이나 이유도 통하지 않는다고 지시가 내려왔기 때문에 철저히 집행하는 분위기"라고 전했다.

자유북한방송은 "지시를 어길 때는 죄의 경중에 따라 사형까지 처할 수 있음을 경고했다"며 "지난 2009년 화폐개혁 때를 방불케 한다"고 전했다. 북한은 지난 2009년 11월 구 화폐 100원을 새 화폐 1원으로 바꾸는 화폐개혁을 강행했다. 그러나 화폐개혁이 극심한 물가상승을 초래하는 한편 북한 주민들이 시장경제 활동을 통해 쌓아놓은 부가 하루아침에 쪼그라드는 부작용을 초래해 민심이 이반되고 주민들이 강하게 저항하는 바람에 김정일 정권이 곤혹스런 상황에 처한 바 있다. 이때 김정일 위원장은 부랴부랴 화폐개혁을 주도한 간부들을 숙청하는 등 민심수습에 나선 바 있다.

이와 관련해 김정은의 외화 사용 금지 조치가 제2의 화폐개혁이라는 비판에 직면, 김정은 체제를 위협하는 또 다른 요인이 될 수도 있다는 전망이 흘러나오고 있다. 북한 주민들에게 외화 사용은 먹고사는 문제와 직결돼 있기 때문이다.

식량난에 허덕이고 있는 상당수 북한 주민들은 중국 등지에 나가 있는 친지들로부터 위안화나 달러화를 몰래 전달받아 식량 등 생필품을 구입하는데 사용하고 있다. 이런 상황에서 외화 사용을 전면 중단할 경우, 주민들의 반발이 커질 수밖에 없고 이때 연륜이 부족한 김정은을 집중적인 비난의 대상으로 삼을 수도 있다는 진단이다.

김정은 아킬레스 건과 쿠데타

김정일 15년 vs 김정은 3년

　김정은 후계자 얘기가 국내에서 공식적으로 처음 제기된 것은 2009년 6월 국가정보원의 국회보고를 통해서다. 당시 2009년 1월 김정은이 이미 후계자로 부상했다는 얘기가 나왔다. 그러나 일부 대북전문가들은 지난 2007년 1월부터 김정은이 후계자로 내정돼 그때부터 지도자의 길을 밟아왔다고 주장한다.

　김정은이 김정일을 잇는 3대 세습의 공식후계자로 공식등장한 것은 지난 2010년 9월 28일 제3차 노동당대표자회의에서다. 이때 함께 열린 노동당중앙위원회 전원회의는 김정은을 당중앙군사위 원회 부위원장으로 선임했다. 당중앙군사위원회는 인민군을 지휘 하는 군사정책총괄기구로 위원장은 김정일 국방위원장이 겸임하고 있었다. 부위원장은 당시 새로 만든 자리였다.

이때부터 후계자 김정은 만들기가 시작됐다. 이틀 뒤인 2010년 9월 30일, 〈노동신문〉은 1면에 김정일 위원장 옆에 앉아 있는 김정은 부위원장 사진을 3장 실었다. 아울러 북한은 이례적으로 CNN을 비롯한 전 세계 주요 언론사들을 평양 김일성광장에서 열린 조선노동당 창건 65돌 군부대 열병식에 초청했다. 좀처럼 외부에 공개되지 않았던 후계자 김정은도 이 자리에 참석했다. 전 세계 언론에 김정일과 김정은이 나란히 나타나 북한군 열병식을 함께 지켜보고 있는 모습을 공개해 전 세계에 후계자 김정은의 존재를 알렸다.

김정은이 공식적으로 데뷔한 2010년 9월부터 후계작업이 본격화됐다고 본다면 권력승계를 위해 김정은이 받은 통치수업 기간은 김정일 사망 때까지 불과 1년 3개월여에 불과하다. 반면 김정일은 김일성이 사망한 1994년까지 15년 가량 통치수업을 받았다. 김일성 후광에 힘입어 1974년 후계자로 내정됐고 1980년 당대회에서 공식적으로 등장할 수 있었다.

김정일에 비해 턱없이 부족한 통치수업을 받았지만 김정은은 나름대로 짧은 기간 동안에 깊이 있는 경험을 쌓은 것으로 보인다. 건강이 갈수록 악화되고 있음을 느낀 김정일이 단기간에 서둘러 집중적으로 통치수업을 시킨 정황들이 속속 드러나고 있기 때문이다.

김정일 위원장이 30대 시절 당중앙위원회에서 일하는 모습. 김 위원장은 1980년 제6차 당대회에서 중앙위원회 위원, 정치국 상무위원, 군사위원회 위원 등으로 선출되면서 공식적인 후계자로 지명됐다.(왼쪽 사진) 당시 김일성 주석과 함께 당대회에서 얘기하는 모습. 김정일 왼쪽이 바로 오진우 인민무력부장이다.(오른쪽 사진)

김정은은 주로 김정일의 현지지도를 따라다니면서 130여 차례나 되는 공개활동을 수행했다. 군부대에서부터 산업현장까지 방문했고, 수시로 공연 관람에도 나서면서 다방면에서 경험을 쌓았다. 특히 김정일은 북한 권력기관들을 집중적으로 찾아다니면서 아들 김정은의 권력 세습에 힘을 실어줬다.

김정일은 김정은이 외교 분야에서도 실전경험을 쌓을 수 있도록 배려했다. 중국과 외교 접촉을 할 때마다 가급적 김정은을 참석시켰다. 2010년 노동당 창건 65주년을 맞아 북한을 방문한 저우융캉(周永康) 중국 공산당 정치국 상무위원과 회담할 때도 김정은이 자리를 함께 했다. 또 김정일이 중국 동북지역을 찾았을 때도 후진타오(胡錦濤) 중국 국가주석과 김정은이 비공식적으로 만날 수 있는 자리를 마련했다는 설도 설득력 있게 나온다.

평양의 봄 가능할까?

튀니지, 이집트, 리비아, 예멘 등 중동 독재자들이 시민봉기로 2011년 한 해 동안 잇따라 실각한 것처럼 북한에서도 시민권력에 의한 정권교체가 가능할 수 있다는 진단도 있다. 아무리 북한 주민이 장기간 세뇌교육을 받아 언감생심 기존정권에 대해 반기를 든다는 생각을 할 수 없고 북한 독재체제가 아무리 탄탄하더라도 전 세계적으로 유례가 없는 3대 세습에 대한 반감으로 전제체제에 서서히 균열이 생기면 일거에 정권이 무너질 수도 있다는 설명이다. 특히 경제적 어려움을 겪고 있는 주민들의 불만이 임계점에 도달하면 주민들이 들고 일어설 가능성도 전혀 배제할 수 없다는 진단이다. 수십 년간 무소불위의 권력을 휘두르며 전혀 붕괴될 것 같지 않던 중동 독재권력도 결국 붕괴된 것처럼 북한에서도 평양의 봄이 현실화되는 것이 불가능하지만은 않다는 얘기다.

그러나 대다수 북한전문가들은 민중봉기에 의한 평양의 봄은 현실적으로 쉽지 않다고 보고 있다.

일단 북한사회는 중동지역과는 달리 외부지역과 철저히 단절돼 있다. 대외개방도를 높이면 높일수록 정권 붕괴 가능성이 높아진다는 점을 잘 알고 있는 북한정권은 북한 주민이 외부세력과 접촉할 수 있는 채널을 철저하게 봉쇄하는 등 폐쇄주의적 통치를 60년 가까이 해왔다. 때문에 대외변화상에 대한 정보가 부족한 북한 주민들이 정권교체 목소리를 높이기가 쉽지 않다는 게 전문가들의 대체적인 진단이다.

커뮤니케이션 수단이 많지 않다는 점도 북한 민주화 세력 결집을 어렵게 만들고 있다. 휴대폰 사용이 상용화된 중동지역의 경우, 트위터, 페이스북 등 소셜네트워크서비스(SNS)를 활용한 정보의 급속한 확산과 전파가 가능하고, 소셜미디어를 통해 민주화세력을 결집시킬 수 있다. 하지만 북한에서는 인터넷 사용마저 쉽지 않고 SNS인프라 자체가 갖춰져 있지 않다. 이 같은 소통수단 부족 자체가 민중봉기를 일으킬 수 있는 모멘텀을 약화시키는 결과를 낳고 있다는 진단이다.

초기 집단지도체제 불가피

북한 파워엘리트들이 김정일 사망 후 신속하게 김정은을 후계자로 옹립했고 김정은이 당분간 유훈통치를 통해 북한의 차기 지도자로서 외견상 역할을 할 수 있는 조건은 구비됐다. 일단 김정은 체제가 이어지겠지만 지난 1994년 김일성이 사망한 뒤 김정일이 정권을 완전히 쥐는데 시간이 걸렸던 만큼 김정은 체제 구축도 상당한 시간이 걸릴 것으로 보인다.

때문에 김정은이 북한 파워엘리트를 완전히 장악한 상태에서 김일성, 김정일과 같은 강력한 1인 독재지도체제를 당장 구축하기는 힘들 것으로 보인다. 중국의 지지를 얻어 북한의 차기 지도자로서 정당성은 확보했지만 김일성, 김정일 후광만으로는 권력을 확실히 쥘 수 없기 때문이다. 이와 관련해 일각에서는 당분간 김정은이 형식상의 통치자 역할에 머물 것이라는 전망을 내놓고 있다.

실제로 김정일의 커리어만 가지고는 군부를 휘어잡기에 역부족이다. 김정은은 이제 30살의 젊은이에 불과하다. 연륜도 안 되고 경험도 별로 없다. 북한 내에서도 너무 젊다는 이야기가 나오고 있다. 지도자수업도 제대로 받지 못했다. 김정일은 20년간 김일성으로부터 후계자수업을 받았지만 김정은은 지난 2009년 1월 후계자 지명을 받았다. 불과 3년 전이다.

결국 김정은이 완전히 권력을 장악하기 전까지는 김정은과 군이 권력을 분점하는 집단지도체제가 실질적인 권력기구로서의 역할을 할 것이라는 전망이 우세하다. 이렇게 되면 지난 1948년 북한 정권이 수립된 이래 처음으로 1인 독재체제가 붕괴되고 집단지도체제로 움직이게 되는 셈이다. 외견상 김정은 단일체제이지만 후견세력으로 힘이 분산되는 지도체제를 당분간 유지할 가능성이 높다. 리영호 인민군 총참모장과 장성택 당 행정부장(대장), 김경희 당 경공업부장(대장) 등 김정은의 핵심 후견인으로 꼽히는 인사들이 상호 견제하는 가운데 권력승계자 김정은을 보좌하는 체제가 기본적으로 유지될 공산이 크다.

문제는 후견인인 장성택, 김경희도 김일성, 김정일처럼 신격화된 권력을 갖고 있지 못하기 때문에 군부와 팽팽한 긴장관계가 지속될 가능성이 높다는 점이다. 특히 강경파인 군부가 핵과 미사일을 통해 국제사회에 무력시위를 해야 한다는 주장을 해올 경우 협상파인 장성택이 어떤 방식으로 이 같은 요구를 풀어나가느냐에 따라 김정은 섭정세력과 군부 간 불협화음이 커질 수 있다. 이처럼 불안정한 상황에서 김정은이 집권능력을 제대로 보이지 못하면 영원히 형식상의 지도자로 남을 수밖에 없다는 진단도 있다.

이 경우 북한 권력층이 당분간 김정은을 얼굴마담으로 내세우겠지만 당정군 대표로 구성된 중국식 집단지도체제처럼 집단지도체제 자체가 항구적인 최종 의사결정기구로 자리 잡을 가능성도 배제할 수 없다는 분석이다.

권력이양 과정에서 무력도발 가능성

김정은 권력승계 과정에서 가장 염려되는 시나리오는 내부결속과 군부 충성도를 높이기 위해 김정은 정권이 한국을 희생양으로 삼을 수 있다는 점이다. 유약한 이미지에서 벗어나기 위해 김정은이 천안함 폭침이나 연평도 포격과 유사한 대남 무력도발에 나설 가능성을 배제할 수 없는 상황이다.

물론 무력도발에 대한 후폭풍이 만만치 않다는 점이 브레이크 역할을 할 수는 있을 것으로 보인다. 김정은이 무력도발을 감행할 경우, 서방은 김정은도 김정일과 똑같은 독재자의 길로 들어서는 한편 대화 상대가 아니라는 판단을 내릴 수 있다.

이 경우 북한에 대한 제재수위가 더욱 높아지고 북한이 더욱 고립되는 상황에 처하게 돼 북한 경제난이 한층 악화될 수밖에 없다. 중국도 북한의 오판으로 동북아지역 불안정성이 확대되는 것을 원치 않는다는 점에서 북한이 쉽게 무력도발을 감행하기 힘들 것이라는 전망이다.

특히 연평도 포격 이후 한국이 북한의 대남도발에 대해 강력 대응을 다짐한 만큼 섣부른 공격이 더 큰 화를 불러올 수 있다는 점도 무력도발에 대한 가능성을 떨어뜨릴 것으로 보인다. 김정은 정권이 단기적으로는 한국과 미국 등 서방세계와 갈등을 일으키기보다 내부적으로 정권을 안정시키는 데 주력할 수밖에 없다는 점, 그리고 2012년 김일성 생일 100주년을 맞아 강성국가 선언을 하려면 대남도발보다 경제적 성과를 보여주는 쪽에 집중할 것이라는 점도 무력도발 확률을 낮추고 있다.

일각에서는 북한이 연평도 포격과 같은 눈에 띄는 대남도발을 하기보다는 서해에서 또 한 차례 잠수함을 활용한 도발에 나설 수도 있다는 분석을 내놓고 있다. 한국 측이 결정적인 증거를 제시하지 못할 경우, 나중에 오리발을 내밀 수 있기 때문이다.

핵실험도 대외적으로 북한의 힘을 과시하면서 대내적으로 권력기반을 탄탄하게 만들 수 있는 카드다. 김정일도 지난 1994년 김일성의 갑작스런 사망으로 권력을 승계한 이후 두 차례 핵실험을 실시하는 등 남북한 위기조성을 통해 권력기반을 강화한 바 있다.

북한 권력암투 가능성

김정은이 형식적인 지도자에 그치고 멀지 않아 실질적인 지도자가 나타나 북한정권을 쥐락펴락할 것이라는 분석도 있다. 당장은 김정은 체제가 유지되겠지만 김정은이 김일성, 김정일에 비해 카리스마가 부족하고 지도자수업을 제대로 받지 못했다는 점, 그리고 3대 세습에 대한 부정적인 인식 때문에 결국 김정은 체제가 붕괴되고 북한 내 세력 간 권력다툼이 필연적으로 벌어질 수밖에 없다는 진단이다.

김정일의 장남인 김정남도 2012년 1월 3일 〈도쿄신문〉에 보낸 이메일을 통해 "정상적인 사고를 갖고 있다면 3대 세습을 용인하기 어려울 것이다. (김정일의) 37년 절대 권력을 (후계자수업을 받은 지) 2년 정도인 젊은 후계자가 어떻게 이어나갈지 의문"이라며 "김정은은 상징적인 존재로만 놓고 북한 파워엘리트들이 아버지(김정일)의 뒤를 이어나갈 것"으로 주장했다. 김정남은 2011년 1월에도 "중국 마오쩌둥 주석조차 세습을 하지 않았다"며 김정일의 3 대 세습 시도를 정면 비판한 바 있다.

과거에도 절대 권력자가 사망한 뒤에는 권력자 공백에 따른 내부혼란을 없애기 위해 기존 파워엘리트들이 얼굴마담 격으로 꼭두각시를 내세운 뒤 권력암투를 거쳐 실질적인 지도자를 옹립하는 수순을 밟는 게 일반적이었다.

과거 옛 소련에서 이오시프 스탈린이 사망한 뒤 처음에는 형식상의 지도자 게오르기 말렌코프가 정권을 쥐었다. 그러나 나중에 실질적인 권력을 잡은 이는 니키타 흐루시초프였다. 때문에 권력기반이 공고하지 못한 김정은이 제대로 된 지도력을 발휘하지 못할 경우, 군부·관료 등 북한 파워엘리트들이 김정은에 도전하는 상황이 벌어질 수 있다. 이렇게 되면 북한 내 권력투쟁이 본격적으로 시작될 수 있다.

이론적으로 북한 내 다양한 세력들이 권력투쟁에 뛰어들 수 있다. 김정은에게 도전할 수 있는 잠재세력 중 군부는 북한 내에서 가장 영향력이 큰 세력이라는 점에서 항상 위협적인 존재다. 당장은 김정은에게 기회를 주겠지만 통치능력이 기대 이하로 판명되고 경제난으로 민심이 흉흉해지면 정권유지 차원에서 언제라도 군부세력이 쿠데타를 일으켜 김정은을 축출하고 실질적인 권력을 휘두를 수 있다.

또 김정은 권력기반인 북한 군부에 충분한 보상을 해주지 못할 경우에도 군부가 주도하는 정치체제가 나타날 수 있다는 진단이다. 군부가 권력을 쥐면 경제적 개혁·개방은 후퇴하고 그나마 북한 내에서 새롭게 생겨나기 시작한 시장을 폐쇄하는 한편 주민들에 대한 감시와 세뇌교육을 더욱 강화할 것으로 보인다.

또 정권유지를 위해 핵무장 속도를 더욱 가속화하는 등 선군정치에 더 큰 무게 중심을 두면서 북한을 더욱 폐쇄적인 국가로 몰아가 국제사회의 더 큰 고립을 자초할 것으로 보인다. 더 나쁜 시나리오는 군부 쿠데타 이후에도 군부세력 간 암투가 벌어지면서 누가 북한을 통치하는지조차 모호해지면서 정권다툼이 장기화되고 이에 불만을 가진 주민들이 봉기를 일으켜 내전상황으로 치닫는 경우다. 이렇게 되면 혼란을 피해 탈북자가 중국, 한국 국경을 통해 탈출하는 대규모 탈북 엑소더스가 발생하고 핵무기 통제권까지 흔들리면서 북한의 무질서한 붕괴가 진행될 수 있다. 전 세계 모든 국가들이 생각하는 최악의 시나리오다.

그러나 일각에서는 군부 쿠데타 가능성이 높지 않다는 진단을 내놓고 있다. 북한 생사여탈권을 쥐고 있는 중국 정부가 이미 김정은 체제를 인정한 상태이기 때문이다. 군부가 쿠데타를 통해 정권을 쥐더라도 중국의 지원을 받지 않는 이상 장기간 생존하기 어렵다. 또 오히려 중국군이 북한에 진주할 수 있는 빌미만 제공해 중국의 북한 속국화를 가속화시키는 최악의 시나리오가 현실화될 수도 있다. 당장은 권력안정을 이뤄야 하고 실질적인 권력을 쥐고 있는 실력자들이 복지부동하고 있는 상황에서 김정은을 구심점으로 뭉치자는 정서가 강해 권력다툼 위험성이 크지 않다는 분석도 있다.

장성택 친위 쿠데타 현실성은?

군부뿐만 아니다. 김정은 지도체제 옹립을 위해 섭정을 할 것으로 보이는 김정일 여동생 김경희 당 경공업부장과 매제인 장성택 국방위 부위원장도 경험이 부족한 김정은이 지도자로서 카리스마를 발휘하지 못하는 상황이 발생하면 직접 권력장악에 나설 수 있다. 억지로 김정은 체제를 끌고 가다가는 군부 쿠데타 등이 발생할 수 있다는 점에서 군의 반발을 미연에 무력화시키기 위해 미리 손을 쓸 수 있다는 전망이다.

장성택에 대해 중국 지도부가 긍정적인 평가를 내리고 있는 점도 장성택이 권력의 전면으로 부상하는 데 힘을 실어줄 수 있다. 장성택은 군부처럼 꽉 막힌 인물이 아니라 굉장히 유연한 사고를 하는 데다 친화력까지 갖추고 있어 중국 지도부가 선호하는 인물로 알려져 있다.

현재 중국 지도부가 북한의 혼란을 막기 위해 김정은 체제를 지지하고 있지만 경력이 일천한 김정은이 북한을 이끌 수 있는 능력이 없다고 판단될 경우, 권력 공백을 없애는 차원에서 가차 없이 김정은에 대한 지지를 철회하고 장성택의 후견인 역할을 할 수도 있다는 진단이다.

또 특유의 친화력을 바탕으로 장성택이 김영춘 인력무력부장 등 군부 핵심세력들과 원만한 관계를 유지하고 있는 점도 군부가 장성택의 권력 장악을 인정하는 토대가 될 수 있다는 분석도 있다. 이처럼 향후 북한 권력 행보에 장성택이 막강한 역할을 할 것이라는 전망이 강하지만 일각에서는 장성택이 실제로 북한 내에서 실세로서의 역할을 하고 있는지 여부에 대해 의구심을 제기하고 있다.

일단 장성택이 북한 내 또 다른 실세인 김정일 여동생 김경희와 오래전부터 별거 중이고 이혼설이 나올 만큼 사이가 좋지 않다는 점이다. 김정일 장례위원회 명단에서도 앞자리를 차지하지 못하고 14번째로 이름을 올렸다는 점도 아직 북한 권력의 최선두자리에 있지 않을 수 있다는 관측을 불러일으키고 있다. 미국 〈타임지〉는 김정은 후견인 역할을 해온 장성택 노동당 행정부장의 정치적 미래가 불확실해질 것으로 보도하기도 했다.

김정일의 장남과 차남인 김정남과 김정철도 여전히 북한 권력을 노리는 잠재세력으로 남아 있다. 특히 권력암투로 북한이 내전 상황으로 치달을 경우, 한국과 서방세계의 북한 개입을 막기 위해 중국은 그동안 특별관리해온 김정남 카드를 내세워 북한에 완벽한 친중국 국가를 세울 수도 있다.

일부 외신들은 또 북한정권 붕괴가 최악의 시나리오가 아니라 북한이 혼란에 빠질 경우, 북한 내 핵시설을 접수하기 위해 미국과 중국이 경쟁을 벌이면서 양국이 북한 내에서 충돌하는 경우가 최악의 시나리오라고 말하고 있다.

전 세계 세습왕조

법치가 중시되는 현대사회에서 세습왕조는 시대착오적인 정치행태다. 전 세계적으로 세습왕조가 지속되고 있는 곳은 대부분 정치적으로 후진적인 독재국가이거나 국민들의 정치에 대한 민도가 낮은 저개발국인 것도 이 때문이다. 특히 북한처럼 3대 세습에 나선 경우는 유례가 없다. 길어도 2대 세습 정도에 그치는 것이 대부분이다.

2011년 민중봉기로 잇따라 독재정권이 붕괴된 아랍의 봄이 이를 증명한다. 이집트를 29년간 장기집권했던 호스니 무바라크 전 이집트 대통령은 당초 아들 가말 무바라크에게 권좌를 물려주는 2대 세습을 획책했다. 그러나 2대 세습에 반대하는 시민들의 거듭되는 시위와 사임 압박을 견디지 못하고 결국 권좌에서 물러났다. 2대 세습은커녕 무바라크 대통령은 권력남용혐의로 기소돼 검찰의 사형구형을 받은 상황이다. 법원에서 사형선고를 내릴 경우, 형장의 이슬로 사라져야 할 위기에 처해 있다.

리비아 독재자 무아마르 카다피의 마지막도 비참했다. 카다피는 차남 사이프 알 이슬람 카다피를 후계자로 삼아 2대 세습을 노렸지만 시민군의 봉기로 수개월간 피비린내 나는 내전을 겪었고 결국은 시민군에 붙들려 참혹한 최후를 맞았다. 아버지의 권좌를 물려받아 리비아를 수중에 넣으려고 했던 카다피의 아들들은 대부분 시민군의 총탄에 사살되거나 다른 나라로 망명을 떠나야 했다.

시리아도 2대 세습으로 자리를 물려받은 바샤르 알 아사드 대통령의 퇴임을 요구하는 주민봉기를 무력으로 진압하면서 2011년 이후 6,000여 명이 넘는 사망자가 발생한 상태다. 내전 상황으로 치달을 정도로 상황이 악화되고 있어 대통령이 권좌를 유지할지 여부가 불확실한 상황이다.

바샤르 알 아사드 대통령은 지난 1970년 쿠데타로 정권을 장악한 뒤 30년간 시리아를 통치한 부친 하페즈 알 아사드 시리아 대통령으로부터 지난 2000년 권력을 넘겨받았다. 당시 바샤르 알 아사드의 나이는 34세로 대통령이 될 수 있는 나이 규정인 40세를 채우지 못했지만 헌법수정을 통해 대통령에 임명될 수 있는 나이를 낮춘 뒤 대통령 자리에 올랐다.

이처럼 비민주적인 방식으로 세습에 나선 경우, 대부분 민중봉기로 세습 자체가 성공하지 못했고, 일시적으로 세습에 성공하더라도 결국 얼마가지 못해 국민적인 저항에 부딪히는 것으로 나타났다. 또 일부 아프리카 국가에서도 세습체제가 나타난 경우가 있었지만 중동의 경우와 마찬가지로 오래가지는 못했다.

선거를 통한 민주적인 방식을 통해 합법적으로 권력 세습(?)이 이뤄지는 경우도 있다. 북한처럼 일방적으로 권좌를 아들에게 물려주는 독재 세습과 민주적인 선거를 통해 세습을 시도하는 것과는 엄연한 차이가 있다. 세습이라도 똑같은 세습이 아닌 셈이다. 민주적인 세습의 대표적인 예로 미국의 부시 가문이나 인도의 네루, 간디 가문을 들 수 있다.

조지 W. 부시 전 미국 대통령은 부친인 조지 H.W. 부시(미국 41대 대통령)에 이어 미국 43대 대통령 자리에 올랐다. 인도의 경우, '인도 건국의 아버지' 자와할랄 네루 초대 총리부터 딸 인디라 간디, 손자인 라지브 간디까지 네루·간디 가문이 3대에 걸쳐 총리를 지냈다. 지난 1947년 독립 이후 65년 동안 네루·간디 가문 출신이 총리직을 수행한 기간만 37년에 달한다. 현재도 라지브 간디 아들인 라훌 간디가 집권 국민회의당 사무총장을 맡으면서 총리자리를 호시탐탐 노리고 있다.

파키스탄의 경우 부부 세습이다. 지난 2007년 암살당한 베나지르 부토 전 총리에 이어 이듬해인 2008년 그녀의 남편인 아시프 알리 자르다리가 대통령직을 수행하고 있다.

필리핀은 정치유력가 집안이 많아 정권을 세습하는 경우가 적지 않다. 필리핀에서는 모자, 부녀 세습을 심심치 않게 목격할 수 있다. 베니그노 아키노 대통령은 어머니 코라손 아키노 전 대통령에 이어 대통령에 당선됐고 직전 대통령이었던 글로리아 마카파갈 아로요 전 대통령은 선친인 디오스다도 팡간 마카파갈의 뒤를 밟아 지난 2001년부터 10년간 대통령직에 재임했다.

이 같은 민주적인 세습과 독재를 구분 짓는 잣대는 바로 국민들의 선거를 통해 합법적으로 권력을 장악했느냐다. 또 다른 차이점은 바로 우상화·신격화 작업이다. 북한의 경우, 김일성, 김정일, 김정은으로 이어지는 우상화·신격화 작업에 상당한 에너지와 시간을 쏟아 붓는 반면 합법적인 선거를 거쳐 미국의 41대 대통령을 지낸 조지 H.W. 부시에 이어 미국의 43대 대통령 자리에 오른 조지 W. 부시 전 미국 대통령, 인도 네루나 간디 가문은 우상화 대상이 된 적이 없다.

PART 3
북한경제
개혁·개방의 길

김정은 시대
개혁·개방

김정은 개혁·개방 총대 맬까?

사회주의 국가에서 독재를 휘두르던 최고권력자에게 변고가 생기면 항상 변화가 나타났다. 지난 1976년 마오쩌둥 사망 후 실용주의 노선을 걷던 등소평이 권력을 쥐면서 흑묘백묘론을 앞세워 중

김책제철연합기업소 현장을 방문해 지시하는 김정일 위원장. 북한 최대 제철소인 김책제철소는 함경북도 청진시에 있는 일관제철소다. 한국전쟁 중에 사망한 김책 부수상의 이름에서 따왔다. 원래 이름은 청진제철소다.

국경제를 개혁·개방의 길로 이끌었다. 지난 1994년 김일성이 심장마비로 갑작스레 사망한 뒤 북한정권을 쥐게 된 김정일은 서방 경제지원을 받는 대가로 핵을 포기하는 제네바협정을 체결했다. 김정일 사후 김정은 체제가 어떤 변화를 선택할지에 관심이 쏠리는 이유다.

일단 김정은이 스위스 등에서 해외생활을 한 경험이 있기 때문에 김정일보다는 김정은 시대에 북한의 개혁·개방 속도가 빨라질 것이라는 기대감이 큰 게 사실이다. 그러나 당장 대대적인 경제 개혁·개방을 기대하기는 힘들다. 갑작스런 권력승계로 권력기반이 강력하지 못한 김정은 입장에서 내부결속을 다지고 권력기반을 강화하는 것이 발등에 떨어진 불이기 때문이다. 일단 내부를 추슬러야 하는 일이 더 중요하기 때문에 우선순위에서 기아상태에 직면한 북한 주민들에게 절실한 경제 개혁·개방 이슈는 뒤로 밀릴 수 있다는 진단이다.

대다수 북한전문가들은 그렇더라도 북한의 경제 개혁·개방 필요성이 크기 때문에 어느 정도 권력기반이 다져진 뒤에는 김정은이 경제 개혁·개방에 나설 수밖에 없는 상황이 펼쳐질 것으로 전망하고 있다. 김일성 출생 100년을 맞는 2012년 4월을 기해 강성국가 건설을 대외에 천명할 예정인 데다 최악의 경제수렁에 빠진 2,400만 명 북한 주민의 염원인 경제부흥을 모른 채 할 수 없기 때문이다. 경제 개혁·개방 없이는 주민들이 먹고사는 문제를 해결할 수 없다는 점을 북한 파워엘리트들도 잘 알고 있다.

또 경제를 일으켜야 김정은도 자신의 권력을 지키는 한편 체제도 안정시킬 수 있다는 점을 잘 파악하고 있다. 북한이 김정일 사망 후 중단됐던 단둥-신의주 간 교역이 사흘 만에 전면 재개되는 등 빠르게 정상을 회복한 것도 북한의 이 같은 개혁·개방 의지를 보여 준다는 진단이다.

북한의 경제 개혁·개방정책은 중국식 모델을 따라갈 것으로 보인다. 중국도 자신의 모델을 벤치마킹해 북한이 경제를 개혁·개방하기를 기대하고 있다. 중국은 정치적으로 공산당 1당 독재를 추구하면서도 경제적으로 시장경제제도를 받아들이고 있다. 1970년대 등소평이 시장문호를 개방한 이후 사유재산제도를 기반으로 한 자본주의적 시장제도를 받아들이면서 중국의 변화를 김정일이 상전벽해라며 놀라워했을 정도로 눈부신 경제적 성과를 거두고 있다. 중국을 자본주의적 사회주의 국가라고 부르는 것도 이 때문이다.

최근 중국은 30여 년간 두자릿수 경제성장률을 지속적으로 유지하면서 지난 2010년 일본을 제치고 미국에 이어 세계에서 누 번째로 큰 경제규모를 갖게 됐다. 세계경제를 이끄는 신흥대국을 의미하는 조어인 BRICS 국가 중에서도 선두주자 위치를 점하면서 중국은 글로벌 무대에서 미국과 함께 G2 국가로 경제적 힘을 과시하고 있다.

북한도 중국의 이 같은 개방 성공스토리에 자극을 받아 정치적으로 노동당 1당 독재노선을 걸으면서 경제적으로 좀 더 개방하는 모양새를 갖출 것이라는 이야기다. 이 과정에서 중국과의 경협을 확대하는 한편 외자유치를 위한 경제개발특구를 설치하는 등 경제 문호를 조심스럽게 열 것으로 보인다.

북한은 지난 2008년 이집트 통신회사 오라스콤과 중국 국영회사 상디 관췬 인베스트먼트 자본을 유치하기도 했다.

그러나 북한정권의 특성상 이 같은 자본주의 시장경제 실험의 성공을 장담하기 힘들다는 점이 문제다. 북한은 경제 개혁·개방을 시도할 때 자본주의 시장경제를 받아들이기보다는 외부와 차단된 특정 지역을 제한적으로 개방한 뒤 이곳에 외국기업을 유치해 공장을 세우고 북한 노동력을 활용하도록 하는 방식에만 관심을 둬왔다.

중국의 경우 사유재산 축적을 부추기고 주민들이 일하는 만큼 경제적 성과를 거둬갈 수 있도록 하는 자본주의제도를 받아들였지만 북한은 아직도 자본주의 시장제도 도입에 커다란 거부감을 가지고 있다. 북한이 자본주의 경제제도의 장점을 대대적으로 받아들이지 못하고 찔끔찔끔 흉내만 내는 수준에 그치고 있는 것은 자본주의 시장경제가 체제전복의 단초가 될 수 있다고 보고 있기 때문이다.

또 대외개방의 문을 더 넓게 열 경우, 외부 정보가 흘러들어오고 북한 주민들이 외부세계와 더 많은 교류에 나설 수 있게 된다. 그렇게 되면 북한 정치체제에 대한 주민들의 불만이 쌓일 수 있다는 점에서 경제 개혁·개방도 최소한의 수준에서만 허용해왔다. 김정일도 지난 2002년 배급제로는 심각한 식량부족 상황을 해결하기 힘들어지자 농민들이 자발적으로 시장에서 식량을 사고팔 수 있도록 자본주의적 시장을 허용한 바 있다.

그러자 시장이 우후죽순 격으로 생겨나는 등 활성화되면서 시장경제가 통제불능 상황으로 확산되는 조짐을 보이자 불안감을 느낀 북한정권이 시장을 단속하기 시작했다. 동시에 화폐개혁을 단행해 사실상 북한 주민들이 시장거래를 통해 축적한 부까지 빼앗아 버렸다. 이 때문에 북한에서는 상당한 반발이 뒤따랐고 시장이 붕괴되면서 아사자가 속출하는 대혼란에 빠진 바 있다. 이처럼 자본주의적 요소가 침투해 들어와 북한사회를 교란할 수 있다는 불안감 때문에 북한의 경제 개혁·개방은 항상 한계가 있었다.

이 같이 마음껏 시장을 열지도 못하면서 어떻게 자본을 유치할 수 있을 것인가? 중국의 도움을 받아 몇 개의 경제자유구역을 만들었지만 외국인 자본유입이 많지 않았던 것도 이 때문이다. 중국정부가 김정일에게 중국식 경제개발 모델을 따르라고 줄기차게 요구했지만 성공하지 못한 것도 제한적으로 시장을 개방할 수밖에 없었던 북한의 한계 때문이었다.

중국식 경제 개혁·개방 모델이 성공했다는 점을 보여주면서 정

치적으로 공산주의 1당 독재와 자유시장경제가 공존할 수 있음을
중국이 증명했지만 북한은 그대로 받아들이지 못하는 모습이다.
왜냐하면 중국의 경우, 공산독재지만 정권 교체가 이뤄지고 있다
는 점이 북한의 세습체제와 차별화되기 때문이다. 북한은 3대 세습
이라는 전 세계적으로 유례가 없는 왕정체제와 다름없는 정치실험
을 지속하고 있다는 점에서 정치적으로 결점이 많고 약점이 많다.
폐쇄적인 구조 속에 주민들을 세뇌시켜야만 정권을 유지할 수 있
는 취약한 정치체제가 지속적인 부담으로 작용하면서 쉽게 문호를
개방하기 힘든 상황이다.

김정은도 주민들에게 자본주의 매력에 너무 빠지는 것을 원치
않을 것이라는 점에서 경제 개혁·개방에 나서더라도 제한적인 수
준에 머물 가능성이 높다는 진단이다.

그러나 일각에서는 현재와 같은 경제정책으로는 얼마 못가 민란
이 일어날 정도로 북한경제가 붕괴될 수밖에 없기 때문에 내키지
않더라도 중국식 경제 개혁·개방에 나설 수밖에 없다는 전망도 흘
러나오고 있다. 이를 위해서는 기본적으로 외국인들이 북한에 들
어와 돈을 벌어갈 수 있다는 점을 명확하게 제도적으로 만들어놓
는 등 전향적인 입장전환이 필요하다는 분석이다.

미국 국무부와 중앙정보국(CIA)에 따르면 북한의 1인당 국민소
득은 1,800달러 선으로 한국(2만 3,000달러)의 13분의 1 수준에
불과하다. 또 유엔에 따르면 2,400만 명의 북한 주민 중 25%가 영

양결핍 상태에 있다.

북한 김정은 체제가 개혁·개방 정책을 펼치려면 주변국의 역할도 중요하다. 과거 중국 저우언라이 총리처럼 북한에 자꾸 뭘 주는 게 중요한 것이 아니라 북한이 스스로 일어설 수 있도록 개혁·개방으로 나설 수 있는 여건을 만들어줘야 한다. 이를 위해서는 북한도 하나의 정권이라는 현실론 위에서 북한이 체제위협을 받지 않고 개혁·개방을 할 수 있도록 한국, 미국, 중국이 확신을 심어줄 필요가 있다.

하지만 더 큰 문제는 김정은이 북한정권 유지의 핵심인 핵을 포기할지 여부다. 핵 문제는 어떤 식으로든 김정은이 풀어야 하는 과제다. 김정일 정권 하 핵무장을 하는 과정에서 스스로 고립과 국제사회 제재를 불러와 최악의 경제난으로 이어졌기 때문이다. 때문에 한쪽으로는 핵무장을 진행하면서 경제 개혁·개방을 외칠 경우, 서방국가들이 개혁·개방에 대한 김정은의 진정성에 의혹을 가질 수밖에 없다. 결국 핵을 포기하는 대가로 경제적 지원을 이끌어내는 대반전이 나타날 개연성도 있지만 군부 반발이 만만치 않아 당장 성사되기는 힘들 것이라는 전망이 우세하다.

이런 어려운 장애물에도 불구하고 김정은이 결국은 경제적 개혁·개방에 나설 수밖에 없다는 당위론도 강하다. 인민들의 지지를 얻어 권력을 공고히 하고 안정화하려면 경제난에서 벗어나야 하기 때문이다. 또 개혁·개방 없이는 결국 정권이 몰락할 수밖에 없다는

점을 설득하면 개혁·개방으로 나아가는 발걸음이 더욱 커질 수 있
을 것으로 보인다.

북한 후견인 중국

  김정일 사망 후 중국은 북한의 후견인 역할을 자처하고 있다. 중
국은 김일성, 김정일 때도 북한의 가장 강력한 지원세력이었지만
김정일 사망 후 보다 노골적으로 북한과 밀착하는 모습을 보이고
있다. 2011년 12월 19일 북한이 김정일 사망을 발표하자 곧바로
공산당중앙위원회 등 4개 기관 명의로 조전을 보내 "노동당을 중
심으로 단결해 김정은 동지의 영도 하에 전진할 것으로 믿는다"며
김정은 체제에 힘을 실어줬다.
  또 20일~21일 이틀에 걸쳐 후진타오(胡錦濤) 국가주석, 시진핑
(習近平) 국가부주석, 원자바오(溫家寶) 총리, 리커창(李克强) 상
무부총리 등 중국을 움직이는 수뇌부인 정치국 상무위원 9명 전원
이 북한대사관을 방문, 김정일에게 조의를 표하는 성의를 보였다.
심지어 중국 외교부 장즈쥔(張志軍) 상무부부장은 김정일 사망 발
표일인 19일 한국과 미국, 일본, 러시아 주중 대사 등 북한 주변 4
개국 대사를 베이징 외교부로 불러들여 북한을 자극하지 말 것을
요청하기도 했다. 또 양제츠 외교부장은 클린턴 미국 국무장관, 김

성환 한국 외교장관에게 전화를 걸어 "북한을 자극하지 말라"는 당부를 했다고 한다.

내정 간섭으로 비칠 수 있는 도가 넘는 행동이라는 얘기가 외교가에서 흘러나온 이유다. 이처럼 중국은 적극적으로 한국, 미국, 일본, 러시아가 김정은 체제를 인정하도록 하는데 주도적인 역할을 하고 있다.

국제사회에서 왕따를 당해 고립무원인 북한 입장에서는 중국의 김정은 후계체제 인정은 천군만마와 같은 선물이다. 앞으로 북중 간 밀월관계가 더욱 강화될 수밖에 없는 이유다.

김정일 사후 중국의 이 같은 발 빠른 대응은 김정일이 생존할 당시 김정은 3대 세습에 대한 중국 지도부의 반응과 비교해보면 상당한 온도차가 있다. 북한은 지난 2010년 9월 노동당 대표자회를 통해 김정은을 당중앙군사위 부위원장으로 임명, 사실상 김정일 왕조의 2인자임을 공식화했다.

이후 2011년 김정일이 중국을 수차례 방문하면서 김정은 3대 세습에 대한 중국 측의 공식적인 지지를 원했다. 그때마다 중국은 형식적인 지원 정도에 그치며 명시적으로 김정은 후계체제를 대외적으로 인정한다는 반응을 내놓지는 않았다. 미국과 함께 G2로 성장할 만큼 경제적 덩치가 커진 중국이 대외적으로 책임감 있는 글로벌 플레이어로서의 역할을 강화해야 하는 상황에서 독재정권의 3대 세습을 공식 인정할 경우, 국제사회의 따가운 시선을 받을 수 있

김정일 위원장은 후계자로 공식 지명받기 전부터 산업현장을 찾아다니면서 후계수업을 받았다. 식료품전시물을 살펴보는 모습과 흥남항을 방문해 관계자들과 얘기를 나누는 모습.

었기 때문이었다.

그랬던 중국이 김정일 사망 후 발 빠르게 김정은 지도체제를 북한의 유일한 지도체제로 인정하는 등 발 빠른 대응에 나선 데는 그만한 이유가 있다. 김정일 사후에도 북한에 대한 중국의 절대적인 영향력을 유지하면서 북한의 친중국화를 강화하기 위해서다. 말로만 김정은 체제를 지지하는데 그치는 것이 아니라 북한이 필요로 하는 식량원조와 경협카드를 통해 북한의 중국에 대한 의존도를 더욱 높일 것으로 보인다.

중국은 김정은 체제가 중국에 더 손을 벌리게 만드는 전략을 통해 한반도 분열 상태를 유지하는 것이 외교적으로 중국에 이익이 된다고 보고 있다. 1980년대 이후 한국의 경제적 파워가 북한을 압도하면서 통일이 되더라도 한국이 주도하는 통일이 될 수밖에 없다는 점에서 한층 한반도 통일 전망에 대해 내심 껄끄러워하는 모양새다.

특히 주한미군 2만 8,500여 명이 주둔하고 있는 상황에서 한국 주도로 통일이 될 경우, 중국의 코밑인 압록강까지 미군이 주둔하는 상황이 벌어질 수도 있다는 점에서 북한의 친중국화를 더욱 강화시켜 한반도 분열 상태 영구화를 추구할 가능성이 높다는 진단이다.

북중 경협

김정일은 비행기 공포증이 있다. 젊은 시절 헬기사고를 당해 구사일생으로 목숨을 건진 기억이 있기 때문이다. 때문에 해외방문을 할 때도 비행기 대신 기차를 이용했다. 안전하기는 하지만 기차여행은 그만큼 이동하는데 많은 시간이 걸려 강행군이 될 수밖에 없다.

뇌졸중 후유증으로 몸이 좋지 않았지만 지난 2010년 5월 이후 4차례나 중국을 찾았다. 김정일이 이처럼 이례적으로 중국을 세집 드나들 듯 자주 왕래한 이유는 두 가지다. 김정은으로 이어지는 3대 세습에 대한 중국 정치지도자들의 동의를 구하는 한편 식량, 에너지 등 경제적 지원을 확보하기 위해서였다.

두 차례 핵실험과 핵무기 개발을 추진해온 김정일 정권에 대한 미국 등 서방국가들의 제재조치에다 천안함 폭침, 연평도 포격 이후 한국이 대북지원을 전면 중단하면서 경제적 위기에 봉착한 북한이 손을 벌릴 곳은 중국밖에 없었다. 실제로 지난 2010년 천안함 폭침사태로 남북교역이 중단된 후 북중교역은 더 급증했다.

국제사회 제재에도 북한이 살아남을 수 있었던 데는 중국의 지원이 있었기 때문이다. 중국도 북한에 대한 영향력을 확대하는 전략적 차원에서 북한에 대한 지원을 강화할 준비를 하고 있었다는 점에서 북중 양국 간 이해관계가 맞아 떨어졌던 셈이다.

김정일 사후 김정은 체제가 새롭게 출발하면서 이 같은 북중 유착관계가 더욱 강화될 것으로 보인다. 체제 안정을 위해 중국의 지지가 절대적으로 필요한 상황이기 때문이다. 동시에 2012년 강성대국 건설 원년을 선포하는 한편 경제난에 시달리고 있는 북한 주민의 불만을 무마시키기 위해서라도 김정은은 북중 경협에 올인할 가능성이 높다. 북한과 중국의 경제협력 통로로 최근 개통된 북한 원정리-라진항 구간 2차선 포장도로가 김정일 사망 후에도 차량통행을 허용, 물자교류가 활발히 이뤄지고 있는 것만 봐도 북한이 중국과의 경협을 얼마 만큼 원하는지 쉽게 알 수 있다.

김정일 사망 후 체제 안정을 위해 잠깐 폐쇄했던 북한-중국 국경도 이틀 만에 다시 열었다. 중국이 오랫동안 북한의 생명줄 역할을 해오면서 북한의 대중 경제의존도가 높아졌기 때문에 오랜 기간 국경을 폐쇄할 수는 없는 일이었기 때문이다. 북한은 중국으로

부터 생활물자와 에너지 등을 수입하고 구리, 석탄, 철광석 등 주로 천연자원을 중국에 수출한다. 북한의 대외무역에서 중국이 차지하는 비중은 약 70%로 추정되고 나머지는 대부분 러시아가 차지하고 있다.

그런데 문제는 중국과의 교역, 그리고 경협과정에서 돈줄을 쥐고 있는 중국의 입맛에 따라 북중 경협의 속도와 범위가 결정될 수밖에 없다는 점이다. 중국이 북한의 경제 생사여탈권을 쥐고 흔들 것이라는 염려가 커지고 있는 것도 이 때문이다. 실제로 최근 상황을 보면 중국 국익에 도움이 되고 중국이 꼭 필요로 하는 프로젝트 위주로 북중 경협이 진행되고 있는 것을 알 수 있다.

현재 북한과 중국 간 경협 중 가장 규모가 크고 의미가 있는 프로젝트는 신압록강 대교 건설, 라선특구와 황금평 공동개발이다. 이 중 중국이 북한의 천연자원을 보다 손쉽게 확보하는데 꼭 필요한 신압록강 대교 건설은 사업 진척이 비교적 빠르지만 북한이 목을 매고 있는 라선특구와 황금평 개발은 우선순위에서 밀리고 있다.

북한과 중국 간 교역물품의 70% 이상이 압록강 철교를 통해 거래되는데 최근 양국 간 교역이 급증하면서 병목현상이 발생할 정도로 압록강 철교가 한계상황에 직면한 상태다. 중국이 필요로 하는 북한 광물자원을 보다 더 많이 원활하게 확보하기 위해 기존 압록강 대교의 병목현상을 해소할 수 있는 신압록강 대교 건설이 필요했고 2010년 말 착공한 뒤 1년여 만에 거의 완성단계에 들어섰다.

라선 경제특구는 북한이 중국의 개혁·개방 모델을 따라하기 위한 노력의 산물이다. 경제특구 부지를 ㎡당 30달러에 50년간 임대하는 등 라선특구 개발에 큰 기대를 걸고 있지만 문제는 주변 여건이 특구개발의 발목을 잡고 있다는 점이다. 전력난은 물론 도로, 하수도 등 인프라 부족으로 입주 기업을 제대로 모집하지 못해 어려움이 큰 것으로 전해졌다. 일단 중국과 러시아를 중심으로 투자가 이뤄지고 있지만 부진하다.

특히 북한이 외자유치를 통한 달러벌이를 위해 중국 측에 애원하다시피 요청해 성사된 황금평 개발은 지난 2011년 6월 착공식을 가진 뒤 별다른 진척사항이 없는 것으로 알려지고 있다. 황금평은 압록강을 사이에 두고 중국 단둥에 맞닿아 있는데 이미 압록강 주변에 개발된 산업단지도 기업 입주가 거의 되지 않아 몸살을 앓고 있는 상황이라 중국 입장에서는 개발실익이 크게 떨어진다는 진단이다.

이처럼 김정은이 집권한 뒤 북중 경협이 활발하게 진행되더라도 북한에 우선적으로 경제적 이익을 가져다주는 프로젝트보다는 중국이 필요로 하는 프로젝트 위주로 사업이 이뤄질 개연성이 높다는 점에서 북한경제가 한층 중국경제에 예속되는 상황이 강화될 수밖에 없을 것으로 보인다.

급변하는 정세 속
신남북관계

변환기, 남북관계 풀릴까

북한에 김정은 시대가 열리면서 남북관계도 중대기로에 서게 됐다. 새로운 변곡점을 맞은 것이다. 이명박정부는 북한의 천안함 폭침, 연평도 도발 이후 북에 대한 경계태세를 높이면서 북한 측과 팽팽한 긴장관계를 유지할 수밖에 없었다. 하지만 김정일이 사망한만큼 정부 내에서도 과거보다 유연해진 대북정책을 펼쳐야 한다는 목소리가 불거지고 있다. 하지만 북한은 여전히 우리 정부와 상송하지 않겠다는 입장을 보이고 있어 남북 간 해빙무드가 조성되기까지는 상당 시간이 소요될 것으로 예상된다.

이명박 대통령은 2012년 통일부 업무보고를 받는 자리에서 "북한과 유연하게 협력해 나갈 준비가 돼 있다"고 밝히며 과거에 비해 다소 유연한 대북정책을 펼칠 수 있음을 시사했다. 당장 흡수통일을 하겠다거나 북한을 망하게 한다는 목표는 갖고 있지 않고 시도도 하지 않을 것이라는 말도 했다. 강경 일변도였던 대북기조가 바뀔 수 있다는 확실한 신호를 대외에 천명한 셈이다.

이 대통령의 발언 이후 외교통일 분야 수장들도 잇따라 유화적인 대북 태도를 취하고 있다. 통일부는 북한과의 대화채널을 재개통하기 위한 실무접촉과 전 정권의 유산인 6.15공동선언과 10.4 선언이행 문제 등을 포함한 2012년 업무계획을 내놨다. 류우익 통일부 장관도 "대화의 문을 열어놓고 있다. 북한이 좋은 선택을 통해 기회의 창을 열 수 있기를 기대한다"며 "대화채널이 열릴 경우 모든 사안을 협의할 수 있다"고 언급했다.

이는 천안함 폭침, 연평도 포격 사태에 대한 정부 정책기조의 변화로도 해석할 수 있다.

과거 정부는 천안함 폭침과 연평도 도발에 대한 북한의 선(先)사과가 있어야만 북한과 대화를 시작할 수 있다는 입장이었다. 하지만 2012년 들어 일단 대화의 장을 마련하고 거기서 천안함 폭침, 연평도 포격 문제에 대해 포괄적으로 논의할 수 있다는 방향으로 정부 입장이 변화된 것으로 보인다.

이 같은 정부의 대북정책 변화는 천안함, 연평도 도발과 관련한 궁극적인 책임이 사망한 김정일에게 있다는 인식에서 출발했다. 책임자인 김정일이 사망한 만큼 정부 입장에서 북한 차기 정권과 새롭게 대화를 시작할 수 있는 명분을 어느 정도 쌓을 수 있기 때문이다. 그만큼 대북정책과 관련해 정부가 활용할 수 있는 정책 수단의 폭도 넓어질 것으로 보인다.

외교통상부도 북한을 자극하지 않는 '신중한 외교'를 추진하겠다는 입장이다. 특히 김성환 외교통상부 장관은 김정은을 남북 협상 파트너로 인정할 수도 있다는 의사를 간접적으로 밝혀 주목을 끌기도 했다. '김정은을 남북 협상파트너로 인정하느냐'는 질문에 그는 "북한과 회담을 하면서 거기에 합당한 직위를 가진 사람이라면 그 분과 회담을 하게 될 것"이라고 발언한 것이다.

이에 대해 정부 내에서는 김정은이 북한 최고지도자임이 공식 확정될 경우 남북정상회담 파트너로 김정은을 인정할 수도 있다는 해석이 나왔다.

우리 정부가 유연한 태도를 보이고 있지만 여전히 본격적인 대화의 문을 열기 위해서는 북핵 문제의 진척이 있어야 할 것으로 보인다. 정부는 북한이 우라늄 농축프로그램 잠정 중단 등을 선언해야 남북관계가 정상화될 수 있다는 입장을 여전히 유지하고 있기 때문이다.

남 측과 상종 안 하겠다는 북한

김정일 추모대회 후 '김정은 체제'의 첫날인 2011년 12월 30일, 북한은 최고권력기구인 국방위원회 명의로 성명을 발표한다. 성명의 제목은 '민족의 대국상 앞에 저지른 이명박 역적패당의 만고대죄를 끝까지 결산할 것이다'였다.

이 성명에서 북한은 "이명박 역적패당과는 영원히 상종하지 않을 것"이라고 선언해 이명박정부와 대화하지 않을 것임을 직접적으로 선언했다. 특히 "정치적으로 무지하고 도덕적으로 저열하며 인간의 초보적인 갖춤 새도 없는 이명박 역적패당과 상종한다는 것은 깨끗하고 선량한 우리 민족의 수치"라며 "민족의 대국상 앞에 저지른 역적패당의 만고대죄는 끝까지 따라가며 계산할 것"이라고 주장했다.

성명은 첫머리에서 "유독 남조선 괴뢰들은 천추만대를 두고도 씻지 못할 대역죄를 저질렀다"며 "하나의 민족으로 살기를 스스로 그만두기로 작정하고 동족의 아픈 가슴에 못을 박고 쓰린 상처에 칼질을 하는 난동을 부렸다"고 남 측에 대한 비난을 시작했다.

이어 성명은 정부가 김정일 사망 발표 직후 국가안전보장회의와 긴급 국무회의 소집, 군 대응태세 강화 등의 조치를 취한 것에 대해 "마치 바라던 '긴급사태'가 도래한 것처럼, 우리의 체제변화를 유도할 '호기'라도 온 것처럼 분주탕(난리)을 피웠다"고 비난했다. 그러면서 "이러한 악행은 추모분위기를 틈타 어리석은 목적을 실행해 보며 그렇게 안 되는 경우에는 그 무슨 '급변사태'와 '체제변화'를 유도해보려는 고약한 속내의 발로"라고 주장했다.

김정일에 대한 애도 기간이 끝난 바로 다음날 나온 이 같은 성명 내용은 당장 김정은 체제의 대남노선이 어떤 방향으로 움직일지를 확실히 보여준 것이라는 진단이다. 지난 2011년 6월 남북 비밀접촉 폭로 이후 이어진 '이명박정부와는 대화하지 않겠다'는 입장이 김정은 체제에서도 변함없이 계속될 것이라는 점을 대내외에 다시 한 번 천명한 것이다.

대북전문가들은 이 같은 성명에 대해 김정은이 김정일 사망을 계기로 남북관계 개선을 도모할 의사가 없다는 것을 공식적으로 내비친 것으로 해석하고 있다. 당분간 남북관계의 커다란 변화를 기대하기 힘든 이유다.

조문단으로 본 남북관계

북한 지도자 사망 때마다 조문 허용 여부를 놓고 논란이 벌어진다. 특히 조문 허용 여부 또는 범위는 향후 남북관계를 가늠해 볼 수 있는 리트머스 시험지 역할을 하기도 한다. 일단 과거로 한번 돌아가보자.

1994년 김일성 사망 당시에는 한국 내에서 남-남 갈등이 극에 달했다. 당시 이부영 민주당 의원은 국회 회의에서 "같은 민족으로서 우리 쪽에서 조문단을 파견하거나 그게 안 된다고 하면 조문의사를 표시하는 것도 고려할 수 있다"며 남 측 조문단 파견을 사실상 공식적으로 제안했었다. 김영삼 대통령과 김일성의 남북정상회담을 추진했던 상황에서 김일성이 사망한 만큼 조문단을 보내는 것이 국가 이익에 부합한다는 것이었다.

이 발언 이후 조문단 파견 여부가 국가적인 논쟁거리로 떠올랐다. 결국 정부는 모든 조문단 방북을 불허했다. 일부 야당과 재야 단체들이 조문단 파견을 강력 주장했지만 전혀 받아들여지지 않았다. 더욱이 정부는 조문단 방북과 조의 표명을 사법처리하겠다며 엄포를 놓기도 했다.

북한은 정부의 이런 방침에 대해 온갖 불만을 쏟아냈다. 북한 〈노동신문〉은 논평에서 "남조선 당국이 조문단 파견을 가로막고 조전, 조의는 고사하고 애도의 뜻조차 표시하지 않은 것은 상식 이하의 불손하고 무례한 행위"라며 "남조선 통치집단의 대범죄를 단단히 결산할 것"이라고 밝히기도 했다.

이후 정부는 북한과의 교류가 수개월 동안 끊기면서 야당과 일부 국민들로부터 '북한과의 관계를 더욱 악화시켰다'는 비판을 받았다.

시계를 다시 17년 후인 2011년으로 돌려보자.

북한은 김정일 사망 이후 남 측 조문단을 모두 수용하겠다는 의사를 밝혔다. 다른 해외 국가들의 조문은 받지 않겠다고 했지만 남한은 예외적으로 허용한 것이다. 북한이 남 측 조문단을 수용하겠다고 하자 과거처럼 다양한 의견이 쏟아졌다.

원희룡 한나라당 의원은 트위터를 통해 "정부도 정중하고 예의를 갖춘 조의표명이 필요하다"며 "김정일에 대한 평가와 외교는 구분돼야 한다"는 입장을 밝히면서 인터넷 상에서 논란이 벌어졌다. 찬성하는 의견과 반대하는 의견이 팽팽하게 맞선 것이다. 서울대학교에서 학생회관에 분향소를 설치하자는 대자보가 붙자 학내 논란이 일기도 했다.

이와 관련 우리 정부의 입장은 17년 전과는 약간 달랐다. 우선 정부가 "북한 주민들에게 위로의 뜻을 전한다"는 조의를 표명했다. 또 조문도 일괄적 불허가 아닌 제한적 불허로 방침을 정했다. 남북 관계를 극단적으로 악화시키지 않고 17년 전과 같은 '조문파동'도 최소화하겠다는 전략적 포석이었던 셈이다. 이런 정부 방침에 따라 고 김대중 대통령 부인 이희호 여사와 현정은 현대그룹 회장이 정부 허가를 받아 북한에 조문을 다녀오기도 했다.

반면 정부는 허가하지 않은 조문에 대해서는 철저히 차단한다는 방침을 세웠다. 고 노무현 대통령의 부인인 권양숙 여사 방북도 성사되지 않았고 일부 시민단체들의 조문단 파견도 불허했다. 개성공단에 북 측 근로자들을 위한 분향소가 설치됐는데 우리 정부는 개성공단 입주 기업 임직원들에게 조문을 하지 말아달라고 요청하기도 했다.

하지만 북한의 태도는 크게 달라지지 않았다. 우리 정부의 제한적 조문 허용에 강력 반발한 것이다. 북한의 대남(對南)기구인 조국평화통일위원회(조평통)는 "남조선 당국은 이번 조문의 방해 책동이 북남관계에 상상할 수 없는 파국적 후과를 가져오게 될 것이라는 것을 명심해야 할 것"이라고 밝혔다. 북한의 대남선전용 웹사이트인 '우리민족끼리'도 "남조선 당국은 우리의 대국상에 대한 태도가 자기들의 인륜적 한계와 북남관계 개선에 대한 진정성을 최종적으로 검토하는 척도가 될 것임을 명심해야 한다"며 "남조선 당국은 우리와 슬픔을 함께 나누려는 각 계층의 조의 방문길을 그 무슨 원칙훼손이니, 남남갈등 유발이니 하면서 가로막아보려고 하고 있다"고 비난하기도 했다.

대북전문가들은 이 같은 북한의 강경한 태도를 남남 갈등을 유발시키려는 시도라고 평가했다.

북한체제 흔들리면 한국 또 다시 외환위기?

김정은이 주도하는 북한체제가 안착할 수 있을까? 그 성공 여부에 따라 한반도는 큰 변화를 맞을 수밖에 없다.

선군체제를 이끌던 독재자가 사라진 상황에서 그야말로 북한 정세는 안개 속이다. 당장은 김정은이 지도자 위치에 오르겠지만 향후 북한 지도부에 어떤 변화가 올지는 아무도 알 수 없다.

이런 상황에서 LG경제연구원은 4가지 시나리오별로 북한 향후 정세가 대한민국에 미치는 영향을 분석했다. 한국에 가장 큰 타격을 줄 수 있는 시나리오는 북한 조기 붕괴다. 김정은 체제가 제대로 안착하지 못하고 북한체제가 빠른 속도로 붕괴되는 것이다.

급속한 붕괴는 우선 우리나라에 재정적자와 국가부채 폭증을 가져올 것으로 예상된다. 또 통화 증발에 따라 인플레이션이 만연하고 원화값과 주가 폭락을 초래할 수 있다. 국가신용등급도 몇 단계 하락 압박을 받을 수 있다.

정부는 급격한 흡수통일 시 통일비용이 우리나라 GDP의 두 배 수준인 2조 달러에 달할 것으로 추산한 바 있다. 하지만 우리나라는 급진적인 통합을 이룰 수 있는 체력이나 여건을 아직 마련하지 못한 상황이다. 북한의 조기붕괴 충격 여파가 지난 1997년 외환위기를 훌쩍 넘어설 것이라는 분석이 나오는 이유다.

두 번째 시나리오는 권력체제가 동요하면서 중국이나 미국 등 주변국 개입을 유발해 한반도 내 긴장이 고조되거나 장기화되는 것이다. 이럴 경우 '코리아 디스카운트'가 강화돼 외국인 투자자금이 이탈하고 금리상승, 신용경색 등의 부작용이 나타나 실물경기에 큰 악영향을 미칠 수 있다.

특히 국내 투자가 급격히 줄어들 가능성이 있다. 중장기적 전망이 불확실하기 때문에 기업들이 투자를 축소하는 것이다. 외국인 직접투자도 큰 폭으로 위축될 수밖에 없다. 중국과 긴장관계가 확대됐던 대만의 경우를 보면 1996년 중국이 대만해역 미사일 발사훈련을 실시한 이후 대만에서 민간기업들의 투자계획이 취소되는 사례가 속출했다.

긴장상태가 장기화되면 소비자들이 불필요한 소비를 자제하면서 소비도 줄어들 가능성이 높다. 다만 이럴 경우 원화값이 하락하면서 수출 가격경쟁력은 높아질 수 있다. 하지만 한반도 리스크가 확대되면 무역이나 해외수주와 관련된 계약체결에 불리한 요소로 작용할 수 있다. 수출 확대 효과가 제한적일 것으로 예상되는 이유다.

세 번째는 체제 유지를 위해 앞으로도 김정일 식 생존전략을 유지하는 시나리오다. 김정은 역시 안정적인 구도 속에서 기존의 행보대로 핵을 담보로 미국과 대치와 협상 국면을 이어가며 폐쇄성을 지속한다면 한국경제에 미치는 영향은 과거와 유사할 것으로 예상된다.

북한은 종종 체제안정이나 대외협상 등의 명분을 내세워 대외적으로 강경기조를 유지하는 전략을 활용하는 사례가 많았다. 핵실험을 다시 수행하거나 주기적으로 군사적 도발을 감행할 수도 있다. 이럴 경우 한국경제에 대규모 타격은 입히지 못하겠지만 과거처럼 국내 금융시장을 출렁이게 하는 후폭풍을 일으킬 가능성이 높다. 과거에 비해 외국인 투자자들의 주식·채권 투자규모가 큰 만큼 한국 금융시장은 북한의 행보에 따라 주기적으로 출렁이는 모습을 나타낼 것으로 예상된다.

마지막은 북한이 서서히 개혁·개방을 시작하는 것이다. 중국에 비해 완만한 개혁·개방정책을 실시하면 한국경제 입장에서는 최선의 시나리오다. 남북 간에 경제협력이 확대될 수도 있고 한국경제에 대한 북한 리스크가 크게 줄어드는 계기가 될 수 있다. 외국인 투자자금 유입도 증가할 것으로 전망된다.

시나리오별 우리 경제에 미치는 영향

시나리오	경제에 대한 파급효과
개혁·개방	- 남북한 경제협력 확대 - 북한 리스크 축소, 대외 신인도 개선 - 외국인 투자자금 유입 증가
기존체제 유지	- 금융시장 단기 충격 간헐적 발생 - 외국인 투자자금 유출입 영향 미미 - 실물경제 영향 제한적
세습체제 동요	- 금융시장 내 위험회피 현상 강화 - 대외 신인도 악화로 외국인 자금 이탈 증대 - 국가신용등급 하락 가능성 증가 - 국내투자 및 소비심리 위축 가시화
북한 붕괴 및 파국	● 체제위기 심화로 붕괴 - 재정적자, 국가부채 단기간 내 폭증 - 외국인 투자자금 대거 이탈 및 국가신용등급 하락 - 인플레, 주가 급락, 금리 및 환율 급등 - 북한경제 안정 시까지 실물경제 영향 장기화 ● 국지전·전면전 발생 - 외국인 투자자금 급격한 이탈 - 자산가격 급락, 금융시장 혼란 가중 - 투자 취소, 무역거래 불능 등으로 마이너스 성장

북한에서 탈북자 400만 명 쏟아진다면

북한이 붕괴되면 한국은 한반도 유일한 정부로서 법적으로 '북한 국민'을 보호해야 한다. 보트피플 등 북한 난민을 책임져야 하는 것이다.

이를 위해 정부는 대량 탈북 사태에 대비해 다시 컨틴전시 플랜을 다듬고 있는 것으로 알려져 있다. 과거에 만들어진 비상대응계획을 현실에 맞게 수정하기 위해서다.

현재 정부가 갖고 있는 북한 난민 수용을 위한 컨틴전시 플랜은 '개념계획 5029'와 '충무계획' 등 두 가지다. 한미연합사가 마련한 '개념계획 5029'는 북한 대규모 난민을 군부대에 임시 수용한 후 정부에 인계하는 시나리오로 궁극적인 해결책을 제시하지는 못한다.

보다 자세한 것이 '충무계획'이다. 이 중 '충무 3300'은 북한의 대규모 난민이 휴전선을 넘어올 경우 최대 20만 명 규모의 수용시설을 각 시·도에 설치한다는 내용을 담고 있다.

하지만 이런 수준의 계획으로는 북한 급변 시 쏟아져 나올 탈북자들을 제대로 관리할 수 없다는 목소리가 높다.

전문가들은 북한정권이 붕괴되고 군부가 통솔력을 상실해 극도로 혼란한 상태를 맞으면 탈북자가 250만~400만 명에 달할 것이라고 추정하고 있다. 허남성 국방대 명예교수가 추산한 난민은 약 400만 명이다. 이는 2011년 북한 추산 인구 2,418만 명 중 16.5%

에 달하는 엄청난 수치다.

물론 이 같은 추정은 북한정권과 군부가 몰락해 통제 불능 상태에 빠졌을 때라는 단서가 붙는다. 대규모 탈북 사태가 발생하더라도 북한 군부가 부분적으로 주민을 통제한다면 난민 수가 10만 명 수준에 그칠 수 있다는 군 당국 보고서도 있다. 그러나 일부 전문가들은 그럴 경우에도 난민은 휴전선을 통해 20만 명, 해상으로 1만 5,000명이 내려올 것으로 전망한다.

우리 정부보다 중국이 북한 난민 문제에 더 구체적이다. 북중 국경지역인 압록강은 길이가 무려 803km인 데다 경비도 상대적으로 휴전선보다 허술해 난민이 대거 중국행을 택할 수 있다는 판단 때문이다.

실제로 중국은 위기가 고조될 때마다 북한 난민캠프 건설을 추진했다. 1997년 2월 김정일이 유훈통치를 끝내기 직전 내분 위험이 고조되자 지린성 옌지시에 최고 10만 명을 수용할 수 있는 난민캠프 건설에 착수한 바 있다. 2006년 북한이 핵실험을 단행할 때도 단둥에 대규모 난민시설 건설을 검토했다. 당시 중국의 한 언론은 단둥 변방수비대 말을 인용해 "북한에서 최소 50만 명의 난민이 랴오닝과 지린성으로 쏟아져 들어올 것으로 본다"고 전하기도 했다.

일본도 해상을 통해 대규모 난민이 규슈 북부 등지에 도착할 것으로 전망하고 별도의 탈북난민 수용 시나리오를 만들어 놓고 있다. 1998년 방위청이 전쟁 등 한반도 비상 사태가 발발하면 남북한 주민을 포함한 난민 27만 명이 일본으로 유입될 것으로 추산했다는 사실이 알려지기도 했다.

전쟁을 피해 한국에서 22만 명, 북한에서 5만 명이 해상을 통해 일본 연안으로 상륙할 것이라는 시나리오다. 일본 최남단 후쿠오카현을 임시 난민수용지역으로 활용한다는 전략도 갖고 있는 것으로 알려지고 있다.

북한이 붕괴되지 않더라도 북한체제 불안정이 계속될 경우 연간 탈북자 수가 수만 명에 달하는 '대량 탈북' 사태가 나타날 것이라는 경고도 전문가들 사이에서 나오고 있다. 2011년 10월 남캘리포니아대학교 한국학연구소는 탈북자뿐만 아니라 북한 내 난민 문제를 동시에 해결하는 구체적인 대책마련이 시급하다고 주장하기도 했다. 중국은 김정일 사망 후 대량 탈북을 막기 위해 군 병력 2,000명을 훈춘과 투먼 등 국경지대에 배치한 것으로 전해졌다.

이 같은 위험성에도 불구하고 북한 난민 문제는 여전히 통일 대비 '신패러다임' 논의에서 후순위로 밀려나 있다. 탈북자 관리 인력과 예산을 늘리기보다는 기존 인프라스트럭처를 '쪼개기' 하는 수준에 머물고 있는 것이다. 대규모 탈북 사태에 대비한 인프라스트럭처 구축이 시급하다고 전문가들이 조언하는 이유다.

통일비용과 편익 분석

1990년 7월 1일. 통일을 3개월 앞두고 헬무트 콜 서독 총리는 '동서독 화폐·경제·사회 통합에 대한 국가조약'이 발효됐음을 선포했다. 동독 주민은 환호했다. 이날 이후로 동독 주민들은 서독연방은행(분데스방크)이 발행하는 마르크를 동독 마르크로 1 대 1 비율로 교환할 수 있게 됐기 때문이었다. 당시 외환시장에서 동독 마르크와 서독 마르크 교환 비율이 4.4 대 1이었던 점을 고려하면 파격 그 자체였다.

콜 총리는 "동독 주민들의 소득 수준을 끌어올려 난민이 몰려드는 것을 막겠다"며 "실질수요를 높여 경제성장도 도모할 수 있다"고 서독 국민을 설득했다. 하지만 흡수 통일 대가는 컸다. 1990년 한 해에만 서독 정부가 동독 정부 재정 적자를 인수하고 소련군 철수에 들어가는 비용만으로 2,000억 마르크를 썼고, 1995년까지 6년간 투입된 비용은 총 8,400억 마르크(당시 원화값으로 445조 원)를 넘어섰다. 이를 위해 국민들은 '통일세 의무 부가율'이라는 명목으로 법인세와 소득세를 7.5% 더 내야 했다. 독일 통일이 한국에 주는 교훈이다.

그렇다면 통일은 대한민국 경제에 선일까 악일까. 통일이 선이고 반드시 필요하다면 통일비용은 어떻게 산출할 수 있을까. 한국 국민들이 통일비용을 부담해야 한다면 1인당 국민들이 부담해야 할 세금은 얼마나 될까.

김정일 사망으로 통일에 대한 관심이 부쩍 높아지면서 통일비용이 사회적 화두로 다시 등장하고 있다. 통일세 인식 변화도 감지되고 있다. 언론 등 각종 기관에서 실시한 설문조사를 보면 통일세 신설에 찬성한다는 의견이 반대 의견보다 높은 것으로 조사되고 있다. 국민들 사이에서도 통일에 대한 준비가 조금씩 현실로 다가오고 있다는 해석이 가능한 대목이다.

통일을 앞둔 남북한 경제력 격차

옛 서독 정부는 통일비용에 대해 다음과 같은 정의를 내렸다.

"1990년 7월 동독 정부와 맺은 경제·통화·사회통합에 대한 조약이 발효된 직후 10년 내에 동독지역을 서독지역의 경제력과 소득수준의 일정비율(서독연방 주 가운데 중하위권 수준)에 도달시키기 위해 필요한 경비다."

통일비용이라는 것이 곧 쪼개진 국가경제를 통합시키는데 필요한 비용이라는 뜻이다. 우리 정부도 비슷한 의견을 내놓고 있다. 2011년 대통령 직속 미래기획위원회는 통일비용에 대해 "북한 주민들의 1인당 소득이 한국인 수준에서 크게 뒤떨어지지 않게 만드는데 필요한 비용"이라고 정의를 내렸다.

그럼 한국과 북한의 경제 수준을 일단 짚어보자. 북한경제전문가인 이석 KDI 연구위원은 남북한 경제에는 근본적으로 세 가지 비대칭성이 존재한다고 말한다. 소득 수준이 다르고 산업 구조에 큰 격차가 있고 경제체제가 근본적으로 다르다는 것이다.

한국은행 집계에 따르면 2010년 한국 인구는 4,887만 명으로 북한 2,418만 명보다 2배 이상 많다. 국민총소득(GNI)은 한국이 1,173조 원, 북한이 30조 원이다. 1인당 국민총소득은 한국이 2,400만 원, 북한이 124만 원이다. 쉽게 말해 북한 주민 소득을 현재보다 19.3배 높이는 데 필요한 비용이 통일비용이라고 풀이할 수 있다.

하지만 여기서 고려할 것이 또 있다. 바로 사회 인프라비용이다. 한국의 도로 총연장길이는 10만 5,565km로 북한 2만 5,950km에 비해 4배 이상 길다. 발전 용량은 한국이 7,665만 kW로 북한 697만 kW보다 10배 이상 많다. 시중은행, 카드사, 보험사 등 자본주의 시장에만 존재하는 금융 시스템은 북한에 없다.

이런 격차를 해소하는데 얼마나 필요할까. 일단 2009년 이후 나온 최신 연구 결과물을 살펴보면 370조 원에서 5,796조 원이라는 결론에 도달한다. 이렇게 편차가 큰 것은 시나리오별로 통일 시점과 통일 방식에 대한 전제가 모두 다르기 때문이다. 또 북한 주민 소득을 어느 정도 수준까지 끌어 올릴지에 대한 전제도 다르다. 다만 통일이 빠르면 빠를수록, 점진적으로 이뤄질수록 비용이 적게

든다는 것이 한결 같은 논리다.

피터 벡 스탠퍼드대학교 아시아태평양센터 연구원은 남북한 통일비용이 30년간 2조~5조 달러(약 2,318조~5,796조 원)가 필요하다고 추산했다. 또 한국 국민 1인당 4만~10만 달러 수준으로 통일비용을 분담해야 할 것으로 전망했다. 전쟁이 발발하지 않고 흡수통일을 한다는 전제 하에서다. 이 금액은 북한 주민 소득을 한국 대비 80%까지 끌어올리기 위해 30년간 지불되는 비용의 총합이다.

미국 랜드연구소 국제경제전문가인 찰스 울프 수석연구원은 통일비용을 1조 7,000억 달러(약 1,970조 원)로 추산했다. 이는 북한 주민 소득을 한국인 수준으로 끌어올릴 경우다. 반면 북한 GDP 수준이 향후 5~6년 내 현재보다 2배 정도 높아진다면 남북한 통일비용을 620억 달러(약 71조 원)로 줄일 수 있다고 주장했다.

통일부는 시기별 시나리오를 발표했다. 2020년 통일이 이뤄진다면 1,261조 원, 2040년 통일이 된다면 3,277조 원이 필요하다는 계산이다. 미래기획위원회는 3,220억~2조 1,400억 달러로 추산했다. 2011년 통일이 이뤄졌다는 것을 전제로 뽑아본 통일비용이다.

조세연구원은 통일비용에 소득 수준 외에 국민기초생활보장제도를 추가했다. 독일식으로 당장 통일된다면 당장 통일한국은 GDP 대비 12%를 통일비(2008년 기준 122조 원)로 투입해야 하고, 여기에 더해 북한 주민에 국민기초생활보장제도를 적용한다면 통일한국은 GDP 8% 수준을 추가로 부담해야 한다고 진단했다. 조세연구원은 이 같은 통일비용을 부담하기 위해 통일 이후 국민들의 조세부담률을 2%포인트 올려야 할 것으로 내다봤다.

통일 이익은 7,305만 명 내수시장

비용과 동시에 따져봐야 할 것이 편익이다. 경제규모 면으로 통일 한국은 7,305만 명 인구를 보유한 국가가 되면서 인구 순위로 세계 18위가 된다. 프랑스 6,400만 명, 영국 6,130만 명, 이탈리아 5,810만 명보다도 많다. 부수적으로는 국방비를 줄일 수 있고 장기적으로 징병제를 폐지한다면 생산가능인구를 늘릴 수 있다.

영토는 현재보다 2.2배 넓어지는데 북한에 매장된 광물도 이용할 수 있다. 통계청에 따르면 북한 광물 잠재가치는 7,000조 원으로 남한보다 24.1배나 높다. 현재도 북한 철광석 생산량은 509만 톤으로 한국(51만 톤)보다 10배 정도 많다. 석탄 생산량도 2,500만 톤으로 한국의 10배 이상이다.

한국의 자본력과 기술력, 북한의 노동력과 자원이 만나면 경제성장 시너지가 창출될 수 있다는 통일연구원 연구도 있다. 한국이 통일 직후 10년간 GDP 대비 6.6~6.9%를 통일비용으로 지불해야

하지만 연간 11.25% 경제성장을 달성해 제2의 도약을 할 수 있다
는 분석이다.

분단 리스크가 영구히 제거되면서 국가 신용도가 상승하고 자
금 조달비용이 줄어드는 점도 긍정적이다. 또 중국, 러시아 등과
교역 시 철도망을 활용할 수 있어 물류비도 대폭 줄어들 것이 확
실하다.

다만 비용은 당장 들고 편익은 서서히 나타난다는 점에서 비용
을 부담할 대상과 편익을 향유할 대상이 뚜렷이 구분될 수밖에 없
다. 통상 30년간 통일비용이 투입되고 편익이 30년 후에나 돌아온
다고 가정한다면, 2012년에 30세인 직장인이 은퇴하는 60세까지
비용을 지불해야 하고, 10세인 아이는 큰 비용 지불 없이 편익을
누릴 수 있다는 논리다. 따라서 현 세대가 미래 세대를 위해 마련하
는 투자자산이 통일비용인 셈이다.

골드만삭스는 한국과 북한이 통일되면 2050년께 통일한국의 경
제력이 일본과 견주는 수준이 될 것으로 지난 2009년 전망한 바 있
다. 또 한국의 국가채무가 국내총생산(GDP)의 30%밖에 되지 않
는다는 점을 들어 한국 정부와 국민들이 통일비용에 대해 과도한
공포를 가질 필요는 없다고 진단한 바 있다.

통일비용 얼마나 될까

구분	내용
통일부 (2011년)	• 1,261조~3,277조 원 - 2020년 통일 시 1,261조 원 - 2030년 통일 시 2,836조 원 - 2040년 통일 시 3,277조 원 - 각 시나리오별 최대 비용으로 추산
전국경제인연합회 (2011년)	• 최소 3,500조 원 - 남북한 소득 격차 해소비용 46.5%, 경제 사회 통합비용 34.4% 차지 - 국내 경제연구소와 증권사 전문가 20명을 상대로 설문
미래기획위원회 (2010년)	• 3,220억~2조 1,400억 달러 - 점진적 통일 때 3,220억 달러, 급변 시 2조 1,400억 달러 - 30년(2011~2040년) 소요비용을 토대로 추산 - 북한 주민 1인당 국민소득이 남한에 크게 뒤떨어지지 않는데 들어가는 비용
미국 랜드연구소 (2010년)	• 620억~1조 7,000억 달러 - 현 시점에서 통일한다는 전제 하에 북한경제를 한국 수준으로 올리는데 필요한 비용 - 북한이 향후 5~6년 내 GDP를 두 배 정도 높이면 비용은 620억 달러로 크게 낮아짐
미국 스탠퍼드대학교 (2010년)	• 2조~5조 달러 - 북한 소득을 남한 대비 80%까지 끌어올리기 위해 30년간 필요한 비용
조세연구원 (2009년)	• 매년 122조 원 - 10년간 매년 남한 GDP 대비 12%(2008년 기준 122조 원)를 통일비로 투입 - 한국과 북한이 2011년에 독일식 통일을 이루는 것을 전제 - 50~60년 후 북한 생산성이 한국 대비 80~90% 도달하는데 필요한 비용

출처 : 각 기관 추정

단계적 통합이 고통 제일 적어

남북한 통일의 가장 이상적 시나리오는 단계적 통합이라는 명제에 이견을 제시하는 북한전문가들은 거의 없다. 동서독 통일 방식이 너무 돈이 많이 들어 받아들이기 힘든 통일모델이라면 중국이 홍콩을 귀속하는 것처럼 그리고 1국 2체제를 허용하는 방식으로 진행하면 그만큼 고통이 줄어들 수 있다는 분석이 많다.

실제로 독일 식 통일모델은 엄청난 비용이 수반된다. 1990년 독일 통일 당시 동독 인구는 서독의 4분의 1 정도였고 서독의 1인당 소득은 동독의 4배였다. 그러나 한국의 경우, 일단 인구가 북한의 두 배에 불과한 반면 소득은 북한의 17배에 달한다. 이 같은 격차를 메우는데 그만큼 더 많은 돈이 들 수밖에 없다.

2008년 국내 총생산의 140배에 달하는 북한의 지하자원은 통일한국에 커다란 보탬이 될 수 있다. 또 군비를 감축할 수 있고 북한의 유능하고 풍부한 인력을 활용할 수 있는 점도 장기적으로 볼 때 통일한국경제를 지탱해줄 수 있는 부분이다.

때문에 통일을 앞두고 지속적으로 북한이 개혁·개방으로 나설 수 있도록 유도해 북한경제와 한국경제 간 격차를 줄이는데 집중하면서 점진적인 통일에 나서는 게 가장 이상적인 시나리오다.

복잡해진
주변국 셈법

정보 먹통 논란

북한 김정일이 사망한 뒤 이틀이 지난 후 북한방송이 공식적으로 김정일 사망 소식을 발표하기 전까지 한국은 물론 미국, 일본 등이 모두 김정일 유고 사실을 알지 못했다. 북한 김정일 사망 발표 직전까지도 김정일 사망에 대한 첩보를 입수하지 못한 국정원의 대북 정보 부재에 대한 책임을 물어 원세훈 국정원장을 해임해야 한다는 여론도 비등했다.

대북 첩보망을 확대하는 등 대북 첩보활동을 강화하는 방향으로 국정원을 개혁해야 한다는 조직개편론도 불거졌다. 최근 관계가 소원해졌지만 중국과 함께 북한의 또 다른 사회주의 동지인 러시아도 김정일 사망첩보를 미리 입수하지 못한 것으로 알려지고 있다. 러시아 해외정보수집 업무를 총괄하는 러시아 대외정보국(SVR) 미하일 프라드코프 국장도 김정일 사망 소식을 방송 보도를 통해 처음 접했다고 실토했을 정도다.

노다 요시히코(野田佳彦) 일본 총리는 19일 김정일 사망 소식이 북한방송을 통해 나올 때 이를 모르고 거리연설을 하러 나섰다가 부랴부랴 복귀한 것을 두고 일본언론으로부터 대북 정보수집에 실패했다는 소리를 들어야 했다.

세계 최고의 첩보능력을 자랑하고 북한을 감시하기 위해 인공위성과 정찰기 등을 전방위적으로 활용하고 있는 미국도 자국 언론으로부터 대북 정보에 관한 한 총체적 난맥상을 드러냈다는 비난을 한 몸에 받고 있다.

사실 미국은 과거 북한이 핵무기 개발을 위한 우라늄 농축 시설을 건설했을 때도 이를 모르고 있었다. 시설이 완성되고 1년 6개월이 지난 2010년 말 북한 관리가 미국의 한 핵과학자에게 우라늄 농축시설에 대한 이야기를 흘린 뒤에야 이 같은 사실을 확인했을 정도로 대북 첩보가 먹통이었다. 특히 지난 3년간 한국과 미국 정부가 대북제재에만 올인하다 보니 대북채널 자체가 무너졌고 인공위성 등을 통한 정보수집 활동도 한계를 노출했다는 진단이다.

북한사회가 폐쇄적이어서 정보원을 북한 내부로 침투시키기도 쉽지 않다. 더구나 핵심정보를 가지고 있는 북한 핵심권력층으로 깊숙이 침투하는 것은 낙타가 바늘귀를 통과하는 것만큼 어렵다. 특히 김정일 사망과 같은 초특급 대외비의 경우, 북한이 귀띔을 해주지 않는다면 첩보활동만으로는 결코 알아낼 수 없다는 설명이다.

한 해 수천, 수만 명의 탈북자들이 발생하지만 이들 대부분은 권력과 무관한 사람들이라는 점에서 이들로부터 고급정보를 얻기도 힘들다. 대북 정보를 확보하기가 그만큼 어렵다는 이야기다.

반면 중국은 공식적으로 밝히고 있지는 않지만 북한으로부터 김정일 사망 관련 소식을 직·간접적으로 확보했다는 설이 유력하다. 북한이 김정일 유고 사실을 흘려 류훙차이(劉洪才) 주북 중국대사가 베이징에 사망 사실을 사전 통보한 것으로 파악되고 있다. 이후 중국은 19일 김정일 사망 사실이 공식화되자 신속하게 조문외교를 펼치는 등 북한과의 유착관계를 더욱 강화하고 더 많은 북한 정보를 확보할 수 있는 채널을 확보한 것으로 알려지고 있다.

현 시점에서 북한 외교관들과 직접 전화통화 등을 통해 정보를 확보하고 앞으로의 정책방향과 진로에 대해 이야기할 수 있는 유일한 채널은 바로 중국밖에 없다는 얘기다.

그러나 중국의 대북 정보 공유의지는 그렇게 많아 보이지 않는다. 김정일 사망 후 후진타오 주석은 이명박 대통령과의 전화농와에 응하지 않는 등 주변 국가와의 정보교류에 적극적인 모습을 보이지 않았다.

이명박 대통령은 김정일 사망소식이 알려진 뒤 1시간도 안 돼 미국 현지시간으로 자정이 넘은 시간에 오바마 미국 대통령과 통화했다. 그 뒤 노다 요시히코 일본 총리, 드미트리 메드베데프 러시아 대통령과 전화통화를 했지만 후진타오 주석과의 통화에는 실패해 대중외교 취약성을 드러냈다는 비판을 받았다.

이처럼 북한이 중국에 대한 의존도를 키우면 키울수록 중국의 정보력과 한국 등 다른 국가들 간 대북 정보 격차는 더욱 확대될 수밖에 없을 것으로 보인다.

김일성 사망 때와 달라진 미국

김정일 사망 이후 버락 오바마 행정부가 보여준 모습은 17년 전 김일성 사망 당시 미국 클린턴 행정부와 다른 모습을 보이고 있다. 결론부터 말하면 훨씬 신중하게 접근하고 한미 공조를 강조하는 모습이다.

1994년 7월 빌 클린턴 미국 대통령은 G7 정상회의 참석을 위해 이탈리아를 방문하던 중 김일성의 사망 소식을 현지시간으로 새벽 5시 30분께 보고받았다. 이후 불과 3시간이 지난 후 클린턴 대통령은 김일성 사망에 대해 "미국 국민들을 대신해 북한 주민들에게 심심한 애도(condolence)의 뜻을 전한다"는 조의 성명을 발표했다. 애도라는 표현 때문에 공화당으로부터 항의를 받기도 했지만 클린턴 대통령은 "미국의 이익에 부합하는 성명"이라며 맞섰다.

또 미국 정부는 성명을 발표하기 전 한국 정부와 일체 협의를 하지 않았다. 특히 클린턴 대통령과 당시 김영삼 대통령 전화통화는 김일성 사망 후 엿새나 지난 후에야 이뤄졌다. 클린턴 대통령은 성명 직후 기자들과 만나 북한이 김일성 장례식에 참석하도록 초청할 경우 응하겠다고 말하는가 하면 핵협상도 빨리 재개되기를 원한다고 직접 밝히기도 했다. 이처럼 클린턴 대통령이 신속하게 조의성명을 발표하고 대화 지속을 촉구한 것은 김정일이 김일성의 뒤를 이어 대립이 아닌 협상을 선택하기를 바라는 메시지를 전달하기 위해서였다는 분석이 지배적이다.

하지만 이번 김일성 사망 직후 미국 행정부의 움직임은 크게 달랐다. 우선 버락 오바마 대통령은 김정일 사망 사실을 보고받고 한시간 후 곧바로 이명박 대통령과 전화통화를 했다. 김일성 사망 후 17년의 세월이 지나면서 한미 공조가 한층 성숙해졌음을 보여주는 대목이다.

특히 오바마 대통령 대신 힐러리 클린턴 국무장관이 조의 성명을 발표했다. 문구도 17년과는 큰 차이가 있었다. 클린턴 국무장관은 "북한 주민들에게 염려와 기도(thoughts and prayers)를 전한다"고 말했다. 김일성 사망 때 논란이 됐던 '애도(condolence)'는 표현은 사용하지 않았다.

이 같은 차이점은 왜 발생했을까.

클린턴 정부의 전향적인 움직임은 당시 북미관계가 크게 개선되고 있는 상황에서 추진력을 떨어뜨리지 않겠다는 계산이 깔린 것으로 해석된다. 그때만 해도 북핵 문제가 외교무대에 처음으로 등장했고 미국 입장에서 북핵 문제는 시급히 해결해야 할 최우선 국정과제 중 하나였다. 실제로 클린턴 대통령의 신속한 대처 등의 영향 때문인지 김일성 사후 3개월 후에 북핵 제네바합의라는 결과물을 만들어내기도 했다. 하지만 결국 제네바합의는 파기됐고 북핵 문제는 다시 원점으로 돌아온 상태다.

이 때문에 오바마 대통령은 북한과의 협상을 시급한 숙제로 생각하지 않았을 가능성이 높다. 급한 쪽은 오히려 경제난이 심각한 북한이라는 생각을 했을 수도 있다. 2012년 미국 대선을 앞두고 불필요한 논란을 일으킬 필요가 없다는 정치적 계산도 깔려 있을 것이다.

물론 김일성과 김정일에 대한 미묘한 시각차도 반영된 결과라는 분석도 나온다. 미국 내에서 김일성은 냉전 시대에 북한이라는 공산주의 국가를 세운 지도자라는 인식도 있지만 김정일의 경우 권력을 세습받아 폭정을 한 독재자라는 부정적 시각이 지배적이다.

미국, 개혁·개방 유도에 집중

북한정권의 3대 세습을 왕조국가 건설로 강력하게 비판해왔던 미국 등의 서방국가들도 김정은 체제를 현실로 인정하는 분위기다.

권력암투와 내전으로 북한이 최악의 혼란에 빠져들 경우, 북한이 보유하고 있는 핵무기에 대한 통제권이 흔들리는 한편 대규모 탈북자 발생으로 동북아지역 안보가 크게 흔들릴 수 있기 때문이다.

미국은 북한 사태가 걷잡을 수 없는 혼란으로 빠져들어 '핵확산' 위기가 현실화될 수 있다는 점을 가장 큰 걱정거리고 보고 있다. 때문에 일단 김정은 체제를 인정해 북한의 혼란을 막는 것이 최우선 전략이 될 수밖에 없는 상황이다.

이처럼 현실적으로 김정은 중심 지도체제가 북한 내 혼란을 최소할 수 있는 옵션이라는데 이견이 없다는 점에서 김정은 후계자 지위 승계가 빠르게 진행될 것이라는 전망에 힘을 실어주고 있다. 미국이 예상보다 빠른 시점에 김정일의 공식후계자로 김정은을 인정한다는 징후는 곳곳에서 포착된다.

미국 정부는 당초 김정일 사망 소식이 알려진 이후 4일간은 김정은을 직접 거명하지 않고 불특정인을 뜻하는 새 리더십이라는 표현을 일관되게 사용했다. 하지만 2011년 12월 22일 미국 백안관의 입인 제이 카니 대변인은 김정은의 이름을 처음 언급하며 김정은을 김정일의 공식후계자로 사실상 인정했다. 카니 대변인은 "김정일이 김정은을 공식후계자로 지명했다. 이 시점에서 변화가 있다는 징후는 없다. 새 리더십이 비핵화 약속을 이행하기 바란다"고 논평했다. 이 논평 직후 미국이 북한의 새 리더십으로 김정은을 지칭했다는 해석이 잇따랐다.

미 국방부도 "북한의 권력 이양이 상대적으로 평화롭게 이뤄지고 있는 것으로 보인다"는 평가를 내놓아 큰 이변이 없는 한 북한에 '김정은 시대'가 열릴 것이라는 것을 기정사실화했다. 미국이 이처럼 김정은 체제를 빠른 속도로 인정한 것은 북한을 흔들지 않겠다는 의지의 표현으로 볼 수 있다. 북한의 돌발적인 행동을 막으면서 김정은과 협상 테이블에 앉아 비핵화 논의를 진전시켜 보겠다는 포석이다.

특히 미국은 2012년 11월 대선을 앞두고 있다. 김정은 체제가 안정되지 못하고 북한 내부에서 예기치 않은 돌발변수가 발생하면 직·간접적으로 미국 대선에 영향을 미칠 수 있다. 선거의 해를 맞는 미국으로서는 북한의 안정성이 훼손되고 그로 인해 북한 문제에 대한 뚜렷한 해결책을 제시해야 하는 상황을 피하고 싶을 것이다. 비핵화 등의 목표를 단시일 내에 해결하기보다는 대선 전까지 '사고만 치지 말아 달라'는 것이 미국의 주문인 셈이다. 이 때문에 미국은 더더욱 '조용한 북한'을 원하고 있는 것이다.

때문에 미국은 북한과의 대화를 계속 추진할 것으로 예상된다. 김정일 사망 이전에 북미관계는 물밑 대화를 지속적으로 추진했었다. 2011년 7월 뉴욕에서 북미 1차 대화를 가졌고 10월에는 제네바에서 북미 2차 대화를 가진 바 있다. 김정일 사망으로 제3차 북미대화는 열리지 못했지만 미국은 김정은 체제와의 대화를 계속 추진할 것으로 보인다.

북미는 그동안 수차례 대화를 통해 북한이 영변 우라늄 농축 프로그램(UEP) 중단과 함께 이를 검증하기 위한 국제원자력기구(IAEA) 사찰단 복귀를 수용하고, 미국은 총 24만 톤의 대북 식량지원을 하기로 잠정 합의한 것으로 알려지고 있다. 물론 김정일 사망으로 다시 원점부터 협의를 시작해야 할 가능성을 배제할 수는 없다.

하지만 북한이 유훈통치를 고수하고 있어 김정일 시대의 합의사항을 완전히 백지화하지는 않을 것으로 기대된다. 북한의 식량 사정 등 경제사정이 날로 악화되고 있다는 점도 북한이 미국과의 대화의 끈을 계속 유지하는 요인이 될 것으로 전망된다.

그러면서도 핵 문제에 대해서는 북한에 확실한 경고 메시지를 보내는 것이 필요하다는 지적도 있다. 빌 클린턴 대통령 시절 북핵 협상을 이끌었던 로버트 갈루치 전 미국 국무부 차관보는 북한이 핵무기 기술과 연료를 테러리스트 등 위험집단에 넘기는 것을 미국이 절대 용인하지 않을 것이라는 점을 명확히 함으로써 북한의 오판을 미연에 방지해야 한다고 주장하고 있다. 그러면서도 그는 핵무장 계획을 중단할 경우, 미국이 아무런 조건 없이 대화에 나설 수 있음을 북한 지도층에 알려야 한다고 주문했다. 북한의 우라늄 농축 프로그램(UEP) 중단을 조건으로 북한에 식량 지원을 할 수 있다는 점을 명확히 밝히고 협상을 진행, 북한이 협상 테이블로 돌아올 수 있도록 인센티브를 제공할 필요가 있다는 주장도 있다.

미국의 인내심도 필요하다는 진단이다. 갈루치 전 차관보는 "김

일성 사후 김정일이 정권을 잡았을 때도 북한 권력을 완벽히 장악
하는 데 상당한 시간이 필요했다”며 “김정은은 더욱더 경험이 없고
어리다는 점을 감안해 미국이 인내심을 갖고 대처해야 한다”고 조
언했다.

결국 미국 입장에서 한국, 일본 등 동맹국들과 북한 사태 추이를
면밀히 모니터링하는 한편 협조체제를 갖춘 뒤 북한의 개혁·개방
을 유도해 핵위험을 제거하는데 집중할 것으로 보인다.

러시아, 실용주의적 입장에서 접근

김정일이 직접 해당국가를 방문해 정상회담을 가진 나라는 중국
과 러시아밖에 없다. 그만큼 북한이 외교적으로 유대관계를 맺고
있는 나라는 많지 않다. 중국과 러시아를 사회주의 진영 동지로서
북한이 많이 의지하고 있다는 의미이기도 하다.

김정일은 지난 2011년 8월 러시아를 방문, 드미트리 메드베데프
대통령과 정상회담을 하기도 했다. 그러나 북한의 강력한 지원군
이었던 러시아는 이제 더 이상 북한의 정치적인 후견인 역할을 하
지 않고 있다.

러시아는 남북한 등거리 외교를 펼치는 한편 경제적으로 한국
과 더욱 밀접한 관계를 맺고 있다. 러시아와 한국이 공동으로 추진

하고 있는 북한 경유 가스관 프로젝트 추진과 시베리아횡단철도(TSR), 한반도종단철도(TKR) 연결을 위한 사전정지작업 차원에서 북한과 러시아 접경 지역인 하산-나진 구간 철도 개보수 공사에 나서는 등 경제적 이익을 확보하는데 더 큰 무게 중심을 두고 있는 모습이다.

이처럼 실용주의 노선을 취하면서 과거 북한과 긴밀했던 관계가 상당히 와해된 상태다. 러시아 수뇌부가 김정일 사망 후 취한 행보를 보면 이를 쉽게 알 수 있다.

메드베데프 러시아 대통령이 김정일 사망 발표 당일인 19일 후계자 김정은에게 조전을 보냈지만 공식적으로 조문을 하지 않았다. 푸틴 총리도 직접 조문을 하지 않았다. 2011년 러시아 총선 부정에 대한 국민적 반발로 시위 사태가 잇따르고 있는 데다 2012년 대통령 선거까지 앞두고 있는 등 내부적 이슈가 많기 때문에 김정일 조문에 신경을 쓸 겨를이 없기도 하지만 중국으로 과도하게 쏠려 있는 북한의 외교적 가치가 그만큼 떨어졌다는 점을 웅변적으로 보여준다는 진단이다.

일본, 납북자 처리가 관건

일본은 납북자 처리 문제가 해결되지 않는 한 쉽게 북한과 관계

정상화에 나서지는 않을 것으로 보인다.

노다 요시히코(野田佳彦) 총리는 김정일 사망 후 2011년 12월 25일부터 이틀간 베이징 인민대회당에서 후진타오 주석과 정상회담을 갖는 자리에서도 북한에 생존에 있는 일본인 피랍자 문제에 대해 "납치 문제가 가장 중요한 과제"라며 후 주석이 북한과 소통해 피랍자 문제를 해결하는데 힘을 보태달라고 요청하기도 했다.

북한도 먼저 고개를 숙이고 일본과의 관계 정상화에 나서기가 쉽지 않다. 권력기반을 공고히 하기 위해 군부에 강한 모습을 보여줘야 하는 김정은 입장에서 쉽게 납북자 문제에 대해 사과하고 나서지는 않을 것으로 보이기 때문이다.

PART 4
김정은 시대
파워엘리트

김정은 시대 핵심 권력기관

주목받는 조선노동당중앙군사위원회

현재 김정은의 유일한 공식직함은 조선노동당중앙군사위원회 부위원장이다.

김정일 사망 발표 직전 김정은은 전군에 훈련을 중지하고 소속 부대에 복귀하라는 내용의 '김정은 대장 명령 1호'를 내려보냈다. 김정은이 중앙군사위원회를 통해 군을 완전히 장악하고 있음을 단적으로 보여줬다. 일부 전문가들은 현재 북한의 핵 통제권도 당중앙군사위원회가 갖고 있다고 분석할 정도로 중앙군사위는 막강한 권한을 갖고 있다.

김정은에게 조선노동당중앙군사위원회가 어떤 의미로 다가오는지를 제대로 보려면 2010년 9월 28일을 주목할 필요가 있다. 이날은 김정은이 노동당중앙군사위원회 부위원장 자리에 오르면서 대외에 공식적인 후계자로 지명된 날이다. 당시 한국언론들은 전국에서 큰 가방을 든 채 기차를 타고 평양으로 속속 들어오는 당대표자들의 사진을 앞다퉈 신문에 실은 적이 있다. 과연 이날 무슨 일들이 벌어진 것일까? 김정일은 이날 44년 만에 3차 당대표자대회를 평양에서 열었다.

김정일은 당대표자회의에서 김정은을 리영호 군총참모장 바로 옆에 앉혔다. '김정일-리영호-김정은'이라는 자리배치 순서는 많은 의미를 갖는다. 바로 1980년 6월 당대표회의 때의 자리 순서를 연상시키기 때문이다.

김일성이 김정일을 후계자로 지명한 당대표회의가 그때 열렸다. 당시 김일성은 오진우 인민무력부장을 자신과 김정일 사이에 앉혔다. 김정일 자신이 당대표회의에서 공식적인 후계자로 지명된 것처럼 당시와 똑같은 모양새와 자리배치를 통해 김정은을 공식적인 후계자로 지명했음을 대내외에 천명한 셈이다.

자리배치뿐만 아니다. 김정은을 중심으로 하는 노동당중앙군사위원회 위상도 강화했다. 김정은이 2010년 9월 제3차 당대표자회의에서 맡게 된 부위원장 자리는 이때 새로 만들어진 것이다. 당대표자회의에선 중앙군사위원회 권한과 관련된 규약들을 무더기로 바꿨다. 당중앙군사위가 군사 분야 모든 사업을 조직 지도할 수 있도록 권한을 대폭 확대했다.

이때부터 중앙군사위는 군 지휘권 외에도 국방정책부터 군수산업까지 군사 분야를 총망라하는 권한을 갖게 됐다. 여기에 중앙군사위를 비상설 협의기구에서 상설기구로 바꿔놨다. 또 당총비서는 당중앙군사위원장이 된다는 조항도 신설했다. 결국 김정은이 당총비서직에 오르면 자연스럽게 북한 최고권력자 자리인 당중앙군사위원장이 되는 길을 열어준 셈이다.

중앙군사위원들의 면면도 막강하다. 김정일은 2010년 당대표자회의를 통해 당군사중앙위원회에 부위원장 자리를 신설해 김정은과 리영호 총참모장을 배치했다. 또 기존 5명이었던 위원들도 16명으로 늘렸다. 기존 김영춘 인민무력부장 외에 김정각 군총정치국 제1부국장, 최룡해 당중앙위 비서, 김영철 정찰총국장, 윤정린 호위사령관, 우동측 제1부부장, 정명도 해군사령관, 이병철 공군사령관 등을 새롭게 군사위원회 위원으로 임명했다. 여기에 고모부인 장성택 당행정부장을 추가했다.

또 후방침투작전을 벌이는 특수부대인 11군단장 최경성 상장, 미사일 지도국장 최상려 상장, 총참모부 부총참모장을 거쳐 9군단장을 맡고 있는 최부일 상장까지 포함시켰다. 반면 원로급인 조명록(2010년 11월 사망), 리을설, 리하일은 군사위원회에서 제외시켰다. 김정은 측근들과 갈등관계를 보였던 오극렬 국방위 부위원장 등도 중앙군사위에 포함되지 못했다.

결국 김정일은 당중앙군사위원회를 철저하게 김정은 측근 위주로 재편하면서 위원들도 상대적으로 젊은 계층으로 바꿔놨다.

당중앙군사위 위원들이 국방위와 당정치국을 겸직하는 사례도 많다. 김영춘 장성택은 국방위 부위원장을 맡고 있고, 김정각, 주규창, 우동측은 국방위원을 겸직하고 있다. 또 리영호는 정치국 상무위원, 김영춘은 정치국 위원, 김정각, 장성택, 최룡해는 후보위원을 함께 맡고 있다.

이로써 김정은은 당중앙군사위를 발판 삼아 당과 군, 국방위원회를 모두 장악하게 된 셈이다. 국가정보원도 최근 국회 현안보고에서 "노동당중앙군사위를 중심으로 과도통치기구를 구성해 그곳에서 당면 대책을 협의할 것"이라고 분석했다.

또 당중앙군사위 3인방인 장성택, 리영호, 최룡해가 권력 장악의 3대축으로 활용될 것으로 보인다. 친인척 그룹에서 장성택이 나서고, 신군부 실세인 리영호가 군부를 맡고, 당과의 가교역활을 하고 있는 최룡해가 조율에 나설 것이라는 얘기다. 특히 리영호는 김일성 주치의 아들이고, 최룡해는 김일성의 혁명동지인 최현 전 인민무력부장 아들로 대를 이은 충성심을 보이고 있다.

장기적으로 국방위원회로 권력 집중

당중앙군사위원회가 당분간 권력 핵심역할을 하겠지만 장기적

김정일 위원장이 무포숙영지를 방문해 관계지들과 얘기를 나누고 있다. 무포숙영지는 양강도 삼지연군 무봉구에 있는 무포 혁명사적지에 있는 것으로, 김정일이 낚시를 하면서 김일성 주의 이론을 구상했다는 무포낚시터와 김일성이 빨치산활동을 하면서 숙영했다는 무포숙영지가 있다. 북한은 이곳을 무포혁명사적지로 부른다. 하지만 지난 2008년 5월에 산불이 크게 나면서 전소된 것으로 알려진다.

으로는 국방위원회로 권력이 집중될 전망이다. 최고정책결정기구로서의 국방위원회 위상을 무시할 수 없기 때문이다. 이에 따라 현재는 중앙군사위 부위원장이라는 직책밖에 없는 김정은이 이른 시일 내에 국방위원장으로 추대될 것으로 보인다.

현재 국방위는 김정일과 조명록의 사망으로 위원장과 제1부위원장 자리가 비어 있는 상황이다. 부위원장으로는 장성택, 리용무(차수), 오극렬(대장), 김영춘(인민무력부장) 등 4명이 부위원장을 맡고 있다. 위원 자리는 백세봉 제2경제위원장, 우동측 국가안전보위부 제1부부장, 주규창 당기계공업부장, 김정각 인민군 총정치국 제1부국장, 박도춘 노동당 군수담당비서가 맡고 있다.

사실 국방위원회는 군사 분야뿐만 아니라 대남관계를 비롯한 사회 전반의 정책을 결정하는 곳이다. 김정일 사망 이후 북한에서 첫 대남성명을 낸 곳도 국방위원회다. 2011년 12월 30일 국방위원회는 성명을 통해 "리명박 역적패당과는 영원히 상종하지 않겠다"고 밝혔다. 국방위가 대변인 성명이 아닌 기관 명의 성명을 낸 것은 이번이 처음이다. 국방위는 성명에서 "노동당과 국가, 군대, 인민의 위임에 따른 것"이라며 김정은 체제에서도 최고 정책결정기구로서의 위상을 이어갈 것임을 확실히 했다.

1972년 중앙인민위원회 산하기관으로 출발한 국방위는 지난 1998년 헌법 개정을 통해 최고 주권기관으로 떠올랐다. 당시 국가주석제가 폐지되면서 '최고 군사지도기관' 수준이었던 군사위는 국정 전반을 책임지는 최고 정책결정기구로 위상이 높아졌다. 또 2009년 4월에는 헌법을 고쳐 국가 주권의 최고 국방지도기관으로 한층 위상이 올라갔고, 국방위원장도 '조선민주주의 인민공화국의 최고 영도자'라는 칭호를 갖도록 했다. 국방위원회는 산하에 국가안전보위국과 인민무력부를 두고 있다.

2010년 9월 당대표자회의 전후 당 고위직 변화

구분		전	후
정치국	상무위원	김정일	김정일, 김영남, 최영림, 조명록, 리영호
	위원	김정일, 김영주, 김영남, 전병호	김정일, 김영남, 최영림, 조명록, 리영호, 김영춘, 전병호, 김국태, 김기남, 최태복, 양형섭, 강석주, 변영립, 리용무, 주상성, 홍석형, 김경희
	후보위원	김철만, 최태복, 양형섭, 최영림, 홍석형	김양건, 김영일, 박도춘, 최룡해, 장성택, 주규창, 리태남, 김락희, 태종수, 김평해, 우동측, 김정각, 박정순, 김창섭, 문경덕
비서국	총비서	김정일	김정일
	비서	김기남(선전), 전병호(군수), 최태복(국제·교육), 김국태(간부)	김기남(선전), 최태복(교육), 최룡해, 문경덕, 박도춘, 김영일, 김양건, 김평해, 태종수, 홍석형

구분		전	후
비서국	부장	최익규(선전선동부), 김국태(간부부), 김영일(국제부), 김양건(통일전선부), 전병호(군수공업부), 최희정(과학교육부), 리영수(근로단체부), 김정임(당역사연구소), 채희정(문서정리실), 김경희(경공업부), 장성택(행정 및 수도건설부), 오일정(미상), 태종수(총무부), 홍석형(계획재정부)	김기남(선전선동부), 장성택(행정 및 수도건설부), 김영일(국제부), 김평해(간부부), 리영수(근로단체부), 주규창(기계공업부), 홍석형(계획재정부), 김경희(경공업부), 최희정(과학교육부), 오일정(미상), 김양건(통일전선부), 김정임(당역사연구소), 채희정(문서정리실), 태종수(총무부)
검열 위원회	위원장	미상	김국태
	제1부 위원장	정명학	정명학
	부위원장	조진욱, 리득남	리득남
	위원	김정환, 정관률, 리용모, 한석관	차관석, 박덕만, 차순길, 김용선
군사 위원회	위원장	김정일	김정일
	부위원장		김정은, 리영호
	위원	리을설, 리하일, 조명록, 김영춘, 김명국	김영춘, 김정각, 김명국, 김경옥, 김원홍, 정명도, 리병철, 최부일, 김영철, 윤정린, 주규창, 최상려, 최경성, 우동측, 최룡해, 장성택

북한 권력기구들

북한 최고권력기관은 조선노동당이다. 1인 독재체제 중심에 조선노동당이 있다. 조선노동당의 모태는 1945년 10월 10일 평양에서 개최된 '조선공산당 서북 5도 당책임자 및 열성자대회'에서 결성된 조선공산당 북조선분국이다. 1946년 이 조직은 북조선공산당으로 명칭이 변경됐고 같은 해 조선신민당과 합당하면서 북조선노동당이 됐다. 이후 남북한 단독정부 수립 후인 1949년 6월 한국

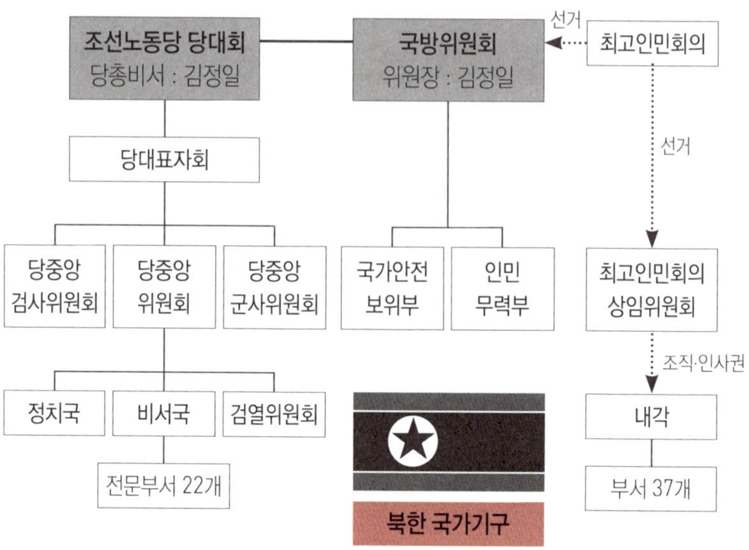

에 있던 남조선노동당과 통합하면서 조선노동당이라는 이름을 본
격적으로 쓰기 시작했다.

현재 조선노동당의 최고지도기관은 당대회다. 당대회는 그동안
6차례 개최됐다. 그 아래 당대표자회가 있다. 당대표자회 아래로
당중앙검사위원회, 당중앙위원회, 당중앙군사위원회가 있다. 당중
앙위원회 산하 부서로는 정치국, 비서국, 검열위원회가 있다. 김정
일은 정치국 상무위원, 비서국 총비서, 당중앙군사위원회 위원장
등의 직책을 갖고 있었다.

비서국 산하 전문부서로는 조직지도부, 선전선동부, 간부부, 국
제부, 군사부, 통일전선부, 기계공업부, 과학교육부, 근로단체부,

재정경리부, 39호실, 38호실, 계획재정부, 당역사연구소, 문서정리실, 신소실, 총무부, 행정부, 경공업부, 영화부 등 20개가 있다.

이 중 38호실은 김정일과 그 가족의 개인자금, 물자관리 등을 전담하는 부서로 널리 알려져 있다.

조선노동당 이념도 역사 흐름에 따라 조금씩 바뀌었다. 조선노동당은 1956년 4월 열린 제3차 당대회 시 당 규약 제1조를 개정하고 마르크스, 레닌주의를 당 활동의 최고지침으로 제시했다. 또한 조선노동당을 '민족적 독립과 해방을 위하여 투쟁한 조선 인민의 혁명적 전통계승자'라고 규정하면서 공산주의 사회건설을 최종 목표로 정했다.

이후 1970년 제5차 당대회에서 처음으로 김일성의 주체사상을 당의 지도이념으로 명문화하고 '온 사회의 주체사상화'와 '공산주의 사회건설'을 당의 최종목표로 내세웠다.

권력의 중추에 조선노동당과 별도로 우리나라로 치면 행정부에 해당하는 조직이 북한에도 존재한다. 북한은 1998년 9월 개최된 최고인민회의 제10기 1차회의에서 헌법 개정을 통해 정무원을 내각으로 개칭하고 최고주권 행정집행기관이라는 단순 집행업부에 전반적 국가관리기관이라는 임무를 더해 행정 및 경제업무 최고기관으로 지위를 격상시켰다. 내각은 총리, 부총리, 위원장, 상들로 구성된다. 최영림 북한 내각총리는 행정부를 대표하는 권한을 갖고 있고 경제정책 등에서도 최고책임자 역할을 하고 있다.

내각에는 외무성, 기공성, 경공성, 국건감성, 노동성, 중앙은행, 국가계획위원회, 전공성, 식공성, 상업성, 보건성, 중통국, 전력공업성, 건설공업성, 무역성, 수매양정성, 국가검열성, 내각사무국, 석탄공업성, 철도성, 임업성, 교육회, 국과학원, 합영투자회, 채공성, 육해운성, 수산성, 체신성, 국자원개발성, 원유공업성, 농업성, 도시경영성, 문화성, 체육성, 국가가격제정위원회, 금공성, 화공성, 국토환경성, 재정성 등이 배치돼 있다.

내각에 대한 인사와 예산권을 가지고 있는 곳은 최고인민회의 상임위원회다. 이곳을 대표하는 김영남 위원장은 사실상 국가의 총리 역할을 수행한다. 대외적으로 북한을 대표해 외교활동을 펼치기도 한다. 이희호 여사와 현정은 현대그룹 회장이 조문을 위해 북한을 방문했을 때도 김영남 위원장과 면담을 했다.

우리 국회와 같은 곳은 최고인민회의다. 물론 우리나라 국회와 비교하면 그 위상과 역할에 큰 차이가 있다. 북한 최고위 권력기관인 조선노동당이 결정한 사항을 단순히 추인하는 정도의 역할만 하고 있는 것이 바로 북한 최고인민회의다.

최고인민회의는 1년에 상반기와 하반기에 걸쳐 각각 1회씩 열린다. 통상 상반기에 열리는 회의는 전년도 예산을 결산하고 당해 연도 예산을 확정하는 일을 맡는다. 하반기에 열리는 회의는 각 주요 기관의 책임자 등을 선출하는 등의 의제를 다룬다.

북한에서 빼놓을 수 없는 또 하나의 권력기구는 군(軍)이다. 북한군은 김일성 사망 이후 경제난 등 체제위기 극복과정에서 '혁명의 기둥'으로 체제수호의 중추적 역할을 수행해왔다. 김정일이 생전에 외부 공개활동을 할 때 다른 분야보다 유독 군부대 시찰을 많이 했다는 것도 이를 방증한다.

특히 군은 주요 공장, 협동농장 등 주요 사회기관에 파견돼 주민들을 감시하고 있고 주민들의 사상도 통제하는 역할을 한다. 또 댐, 발전소 건설 등 대규모 사업이 있을 때 노동력을 제공하는 역할을 하기도 한다.

이처럼 김정일의 군사우선정책 추진으로 북한에서 군은 국가체제 유지기능을 수행할 뿐만 아니라 경제건설 및 사회통제 면에서도 중요한 역할을 수행, 북한체제를 이끌어 나가는 중심세력으로 자리매김했다.

북한 최고군사지도기관은 국방위원회다. 국방위원회는 전반적인 국방사업을 결정하고 지도하는 기관이라고 헌법에 명시돼 있다. 실제로 김정일은 국방위원장 겸 최고사령관 직함을 달고 북한의 군을 완전히 장악했었다.

국방위원회의 직접적 통제를 받는 인민무력부, 총참모부가 실질적으로 군사지휘체계 주축이되고 있다. 인민무력부는 군 관련 외교업무와 군수, 재정 등에 전권을 행사하면서 대외적으로 군을 대표하고 있다. 하지만 김정일 체제 출범 후 위상이 조금 낮아졌다. 총정치국, 총참모부, 인민무력부의 관계가 수평적 관계로 변화됐기 때문이다. 총정치국은 군의 당조직과 정치사상사업을 관장하고 총참모부는 군사작전을 지휘하는 군령권을 행사하는 역할을 맡고 있다.

김정은 시대
파워엘리트

새삼 관심 끄는 '봉화조'

김정일 칠순생일을 이틀 앞둔 2011년 2월 14일. 김정일의 둘째 아들인 김정철이 싱가포르에서 열린 팝가수 에릭 클랩턴 공연장에 나타났다. 김정철은 20여 명의 젊은 남성·여성들과 함께 무리를 지어 입장했다. 이때 공연장을 함께 찾은 젊은이들 중에 '봉화조' 회원들이 있었던 것으로 알려지고 있다. 정보당국에 따르면 이들은 싱가포르 외에도 말레이시아와 마카오도 함께 여행한 것으로 알려졌다. 마카오에서는 거액을 걸고 도박을 즐기는가 하면 명품쇼핑도 서슴없이 나선 것으로 파악됐다.

2000년대 초반에 생긴 것으로 보이는 봉화조는 중국 고위층 자제들 모임인 '태자당'의 북한판이라고 할 수 있다. 북한 고위간부 2

세들의 사조직인 셈이다. 에릭 클랩턴 공연장을 찾은 김정철은 물론 김정은도 회원인 것으로 전해진다.

봉화조는 김정철, 김정은과 사적인 파티를 수시로 열면서 깊은 유대감을 형성하고 있다. 김정은 시대가 열리면서 앞으로 이들 중 일부는 김정은이 새로운 지도자로 국정을 이끌어 가는 과정에서는 권력핵심 자리를 꿰찰 것으로 보인다. 우선 봉화조 회원들이 젊기 때문에 김정은 친위조직으로 뜻을 같이 하면서 계속 갈 가능성이 높다. 김정은과 운명공동체로 묶이는 상황을 쉽게 생각할 수 있다.

또 회원 대부분이 30대로 김일성종합대학이나 평양외국어대학 같은 북한 최고 명문대학교 출신들이다. 여기에 북한 권력핵심층의 2세 또는 3세들이기 때문에 높은 충성도를 가지고 있고 일부는 이미 주요 직책을 맡아 활동 중이다. 특히 봉화조가 김정은과의 직접적인 연결고리가 될 수 있어 고위층에서도 자녀들의 모임활동을 적극적으로 밀어줄 가능성이 높다.

실제로 강석주 내각 부총리(장례위원명단 서열 11위), 오극렬 국방위원회 부위원장(29위), 김원홍 군총정치국 조직담당 부국장(58위) 등의 자제들이 모두 봉화조 회원들이다. 모임은 오극렬 부위원장 차남인 오세현과 김원홍 부국장 장남 김철이 주도하고 있는 것으로 알려진다. 또 조명록 전 국방위 부위원장 장남 조성호와 강석주 부총리 장남 강태성 등도 주요 회원명단에 올라 있다.

봉화조 회원을 비롯한 권력층 자녀들은 주로 북한 주요 권력기관

산하 해외근무처나 외화벌이를 위한 무역회사에서 활동하는 것으로 나타났다. 특혜를 받으면서 요직을 사실상 독점하고 있는 셈이다.

외교 책임자인 부총리 강석주, 당비서 김영일 등의 자녀들은 상당수가 해외 공관원으로 파견돼 있다. 김정은 고모부인 장성택의 조카 장용철은 주말레이시아 대사로 나가 있다. 장용철은 관례를 깨고 주네팔 대사 임기를 마치기도 전에 근무환경이 좋은 주말레이시아 대사로 임지를 바꿔탔다.

군총참모장 리영호 아들과 인민무력부장 김영춘 사위, 국방위 부위원장 리용무 아들, 군총정치국 부국장 김원홍 아들 등은 무역회사 책임자로 종사하고 있다.

노동당 정치국 상무위원인 내각 총리 최영림의 딸 최선희는 2011년 6월 아버지가 총리에 오른 직후 외무성 미국국 연구원에서 과장을 거치지 않고 바로 부국장으로 승진했다. 노동당 재정경리부 부부장 김효 아들이자 김정일의 내연녀 김옥 동생인 김균은 2011년 45세로 김일성종합대학 교원에서 총장 직무를 대리하는 1부총장에 올랐다.

장의위원 명단으로 본 북한 권력이동

장례위원회 위원 명단은 김정일 사망 직후 북한 권력현황을 단

김정일 위원장과 김정은 부위원장이 평양에서 예술공연을 관람한 뒤 박수를 치고 있는 모습. 김정일과 김정은 사이에 리영호 총참모장이 자리를 잡고 있고, 김정일 위원장 왼편에는 김영춘 인민무력부장이 서 있다.

공연관람 후 찍은 단체사진에서도 권력서열을 짐작할 수 있다. 김정일 위원장 오른쪽으로 리영호 총참모장, 김정은 부위원장, 장성택 부위원장이 앉았고, 왼쪽에 김영춘 인민무력부장이 자리를 잡았다.

적으로 볼 수 있는 유일한 공개 자료라고 볼 수 있다. 고 김대중 대통령 서거 때 장의위원 명단과 비교해도 그 차이를 확연히 알 수 있다. 한국은 국가원수 서거 때 장례위원회를 고인과 함께했던 인물 위주로, 명단은 가나다 순으로 만들어진다. 반면 북한은 현재 권력서열과 함께 향후 권력이동이 어떻게 이뤄지고 있는지를 사실상 보여준다. 명단 자체가 서열순서대로 나오기 때문이다.

아울러 장의위원 명단은 김정일 사망 직후 공식발표 때까지 그

누구에게도 알려지지 않은 이틀간의 준비작업을 어떤 인물들을 중심으로 누가 주도했는지 추정할 수 있는 근거도 된다.

또 명단에 들어갔는지 여부와 몇 번째에 이름이 올라갔는지가 사실상 현재의 북한 권력서열이라고 봐도 무방하다.

북한 조선중앙TV를 통해 사망 발표 당일인 2011년 12월 19일에 공개된 장의 명단을 보면, 장의위원은 총 232명으로 구성돼 있다. 전문가들은 당 쪽에서 60여 명 정도 이름을 올려 가장 많고, 군부가 50명, 내각에서 40명 정도 순으로 포함된 것으로 보고 있다.

김정은만 유일하게 '동지'라는 칭호와 함께 장의위원 명단 첫 번째 줄에 이름을 올렸다. 김영남 최고인민회의 상임위원장, 최영림 내각총리, 리영호 당중앙군사위원회 부위원장(인민군 총참모장), 김영춘 인민무력부장 등이 호명됐다. 김영남은 실제 권력여부와 상관없이 북한 헌법상 최고기구인 최고인민회의 상임위원장이면서 서열이 2위이기 때문에 당연히 두 번째에 이름을 올린 것으로 볼 수 있다. 최영림은 내각 책임자로, 리영호와 김영춘은 군부 책임자로 호명된 셈이다. 이어 전병호, 김국태, 김기남 노동당중앙위원회 비서 등이 명단에 순서대로 들어갔다.

김정일 위원장의 여동생이자 김정은 부위원장 고모인 김경희 경공업부장이 14번째, 김경희의 남편인 장성택 국방위 부위원장이 19번째에 이름이 들어가 모두 20위권 내에 포함됐다. 장성택은 정치국 후보위원이라 정치국 위원인 김경희보다 순서가 뒤로 밀린 것으로 알려졌다. 김정일이 향후 권력이양과정에서 장성택-김경희 부부가 김정은의 후견인으로서의 역할을 맡아달라는 유훈을 남긴 것으로 분석되고 있다.

또 김일성 주석 장의위원 명단에선 102번째였던 최룡해 당중앙 군사위 부위원장이 이번에는 18번째로 상승했다. 최룡해의 입지는 2010년 김정은과 함께 당중앙군사위원회 부위원장으로 격상됐고 장성택 측근이기도 하다. 강석주 내각 부총리도 지난 1997년 121 번째에서 11번째로 뛰어올랐다. 외무성 부상으로 핵협상과 대미외 교 등 외교 분야에서의 활약을 인정받아 아예 외교를 총괄하는 내 각 부총리를 꿰찬 상태다. 세월의 흐름도 반영됐지만 김정은과 함 께 차세대 북한을 이끌어갈 사람들이 누구인지도 보여준다.

장의위원 명단은 김일성계, 김정일계, 김정은계, 장성택계로 구 분해서 분류할 수도 있다. 김영남 상임위원장을 비롯해 최영림 총 리, 김국태 당검열위원장 등 김일성 때부터 활동해온 사람만 20여 명 가까이 된다. 또 김정일이 집권할 때 권력 핵심으로 활약했던 김영춘 인민무력부장, 오극렬 국방위 부위원장, 강석주 부총리, 조 규창 당기계공업부장 등 80여 명도 명단에 올랐다. 김정은 후계체 제 구축과정에서 부상한 우동측 국자안전보위부 제1부부장, 김창 섭 정치국장, 김영철 인민무력부 정찰총국장 등도 장의위원에 포 함됐다.

김정은 시대 새로운 실세로 떠오르고 있는 장성택 국방위 부위원장계 인물로 따로 분류되는 인물들도 있다. 장 부위원장과 만경대혁명학원 동기동창인 리영호 군총참모장과 김양건, 김영일, 최룡해 당비서 등이 이에 해당된다.

이외에도 김정은 후계체제 등장을 전후해 원로세대 자녀들도 요직에 속속 등용됐다. 오진우 전 인민무력부장의 차남 오일정 당군사부장, 서철 전 노동당비서의 장남 서동명 대외보험총국장, 리명제 당조직지도부 1부부장 장남 리용호 외무성 제1부상, 백남순 전 외무상의 삼남 백룡천 중앙은행 총재, 리화영 전 당조직지도부 부부장 장남인 리용철 김일성사회주의청년동맹 제1비서를 꼽을 수 있다. 그외 장의위원에 오른 인물 중 절반 이상은 김정은 후계체제에서 등장한 인물이지만, 아직은 대부분 내각과 근로단체, 주요 공장기업소 등 행정기관 책임자 자리에 머물러 있다. 그러나 향후 김정은 체제가 안정된다면 이들 역시 당과 군부 요직에 등용될 가능성은 커 보인다.

반면 서해지역 4군단장(계급은 대장)으로 연평도 포격의 배후로 알려진 김격식은 명단에서 찾아볼 수 없다. 그보다 계급이 낮은 장성들이 다수 장의위원 명단에 포함된 것을 감안할 때 사실상 북한 핵심 권력층에서 멀어진 것 아니냐는 해석이 나오고 있다.

또 김정은을 제외한 김정일의 자녀들과 손주들은 모두 장의위원 명단에서 배제됐다. 배다른 형이긴 하지만 김정일의 장남인 김정남이 제외된 것은 물론 김정은 친형인 김정철도 명단에서 빠졌다. 또한 김정일 장녀 김설송이나 친여동생 김여정도 이름을 올리지 못했다. 또 김정일의 4번째 부인 김옥도 명단에는 없다.

이에 대해 대북전문가들은 특별한 직책이 없는 가족들은 통상 장의위원 명단에 넣지 않기 때문일 뿐 큰 의미를 부여할 필요가 없다는 분석을 내놓고 있다. 직책에 따른 서열을 고려해서 장의위원 명단을 만든 것이라는 얘기다. 실제로 장의위원 명단 포함 여부에 관계없이 김옥과 친여동생 김여정은 장례식 과정에서 여러 차례 모습을 비쳤다.

김정일 영구차 호위 8인

2011년 12월 28일 김정일 영결식. 북한 〈노동신문〉은 영구차 호위장면을 찍은 사진 설명에서 영구차를 호위한 8인을 '김정은 시대를 이끌 당군 주요인물'이라고 소개했다.

당시 김정일 영구차를 호위했던 8인의 인물 중 영구차 오른쪽 맨앞은 김정은 차지였다.

김정은의 뒤에는 장성택 국방위원회 부위원장, 김기남·최태복 비서가 섰다. 건너편에는 리영호 당중앙군사위 부위원장이 가장 앞에 섰고 그 뒤로 김영춘 인민무력부장, 김정각 군총정치국 제1부국장, 우동측 국가안전보위부 제1부부장 순으로 도열했다. 이들 8

인이 김정일 영구차를 호위하는 한편 인민군 육해공군 의장대를 사열하는 장면은 생방송으로 북한 전역에 방송됐다.

김정일의 영구차를 호위한 이들 8명은 김정은 시대 북한의 새 지도부 권력핵심으로 볼 수 있다. 김정은을 제외하고 영구차를 호위한 7명 중 리영호를 비롯해 군부 출신만 3명으로 김정일의 유훈통치에 따른 김정은의 선군정치 의지를 재확인할 수 있었다. 특히 주민통제를 전담하는 국가안전보위부 우동측 제1부부장이 이례적으로 영구차를 호위한 것은 김정은 체제 안정에 최대 위협이 될 수 있는 주민들에 대한 감시와 통제를 더욱 강화하겠다는 의지의 표현으로 읽히고 있다.

두 차례 숙청 극복한 오뚝이 장성택

2011년 12월 25일. 북한 중앙TV는 김정은이 금수산기념궁전에서 김정일을 참배하는 장면을 내보내면서 대장 계급장을 단 군복 차림의 장성택 부위원장의 모습이 담긴 장면을 담았다. 군복 차림의 장 부위원장 모습이 북한매체에 공개된 것은 그때가 처음이었다.

장성택이 김정일 급사 직후 군 대장으로 등장한 것은 국정운영의 공백을 메우고 자칫 혼란스러울 수 있는 사회 전반을 안정시키기 위한 고위층 간의 합의에 따른 것으로 분석된다. 후계자가 된 지

2년에 불과한 김 부위원장은 물론 김정은 후계체제 구축과정에서 영향력 확대에 열을 올려온 군부 역시 체제 안정이 시급하다고 판단했을 것으로 보인다.

특히 장 부위원장은 김정은 오른쪽에 위치한 리영호 군참모총장(노동당중앙군사위 부위원장) 바로 옆에 서 군부 내 권력서열이 급상승한 것으로 분석됐다. 장 부위원장의 경우, 대장 칭호를 받은 적이 없는데도 불구하고 김정일 사후 권력공백을 막으려고 내부적으로 서둘러 대장 칭호를 준 것으로 보인다. 김정은의 고모이자 장 부위원장의 부인인 김경희 당경공업부장도 2011년 9.28 당대표자회를 하루 앞두고 대장 칭호를 받은 바 있다.

이처럼 장성택은 김정일 사망 이후 북한 권력 이동을 유심히 지켜보고 있는 국내외 전문가들이 가장 주목하는 인물이다. 장성택은 현재 국방위 부위원장 외에도 노동당 행정부장, 북중공동지도위원회 북 측 위원장까지 맡고 있다. 북한 권력의 핵심인 군과 당은 물론 돈줄까지 쥐고 있다. 북중 공동지도위원회를 통해 나선과 황금평 특구개발에도 관여하고 있기 때문이다. 특히 최룡해 당중앙군사위 부위원장, 태종수 노동당 정치국 후보위원, 리영호 군참모총장 등 북한 권력의 핵심 인물들도 장성택 사람들로 분류되고 있다. 김정일 사망 직후 장성택의 권력서열이 빠르게 높아지면서 일각에서는 장성택-김경희 부부 섭정체제를 전망하는 분석까지 나올 정도다. 김정은이 젊고 통치경험이 일천한 만큼 김정은 집권초기에는 집단지도체제가 불가피한 상황에서 그래도 김정은의 핏줄인 고모인 김경희와 고모부인 장성택의 역할이 커질 수밖에 없기 때문이다. 중국도 친중국파인 장성택의 섭정체제를 선호하는 것으로 알려지고 있다.

사실 장성택은 오뚜이와 같은 인물이다.

장성택은 김정일에게 두 차례나 숙청당하는 아픔을 겪은 바 있다. 두 번 모두 장성택이 자기 측근들을 챙기다가 김정일에게 발각되면서 벌어진 사단이었다. 첫 번째 숙청은 1978년이다. 측근들과 주기적으로 음주가무를 즐기는 파티를 벌이다 적발됐다. 장성택은 이때 강선제강소 작업반장이라는 한직으로 2년간 지방으로 쫓겨나는 시련을 겪었다. 이후 평양 재건사업 때 추진력을 인정받아 1990년대 들면서 다시 중용되기 시작했다.

특히 1995년 당 간부 인사권을 쥐고 있는 조직지도부 제1부부장에 오르면서 요직에 자신의 사람들을 많이 심어놨다. 하지만 2004년 또 다시 숙청됐다. 당 고위간부 자녀 초호화 결혼식에 측근들과 대거 참석한 사실이 드러났기 때문이다. 장성택은 그 후 2년간 모든 직위를 잃었고, 측근들도 모두 쫓겨났다. 당시 김정일이 능력이 출중한 장성택이 지나치게 자신의 사람들을 키우면서 마치 정권실세처럼 행동하는 것에 대한 반감과 경계심을 가졌다는 분석도 있다.

그가 다시 복귀한 것은 2년 뒤인 2006년으로 당 제1부부장으로 돌아왔다. 2007년에는 당행정부장으로 화려하게 복귀한다. 장성택은 김정일이 2008년 8월 뇌졸중으로 쓰러진 이후 사실상 김 위원장을 대신해 국정을 운영해 사실 실권자로 평가받는다. 장성택은 또 뇌졸중에서 어느 정도 회복된 김정일에게 김정은 후계자 낙점을 건의한 핵심인물 중 한 명이다. 김정은 후계구도가 가시화되면서 장성택은 초고속 승진을 거듭했다. 김정은이 2009년 1월 후계자로 내정된 이후 처음 치러진 최고인민회의 제12기 1차 회의에서 국방위원회 국방위원으로 선출됐으며 1년여 만인 2010년 6월 국방위 부위원장으로 선임되는 등 후계체제를 견인했다. 국방위원장과 국방위 제1부위원장 모두 공석인 현 시점에서 북한 최고권력기구인 국방위원회의 수장이 된 셈이다.

특히 북한 권력 중심에 장 부위원장 측근이 상당수 포진해 있다는 사실도 눈여겨볼 만한 점이다. 김정은과 함께 김정일 시신에 참배한 정치국 위원, 후보위원 이상 고위간부 26명 중 대부분이 장성택 측근으로 알려지고 있다. 이들은 모두 장성택에 의해 권력핵심부에 등용된 사람들이다.

어떠한 파벌형성도 용납하지 않았던 김정일 체제에서 장성택이 두 차례나 숙청당하면서도 복귀할 수 있었던 것은 김정일의 유일한 친여동생 김경희 덕분이다. 김정일이 뇌졸중 후유증으로 기력이 약해진 상태에서 자신이 후계자로 낙점한 어린 김정은을 지켜줄 수 있는 인물은 결국 핏줄밖에 없다고 본 셈이다.

일단 장성택의 미래는 군부와의 관계 설정에 달려 있는 것으로 보인다. 당분간 김정은 체제가 장성택을 중심으로 군부와 협력하는 군부 집단지도체제로 운영될 가능성이 크기 때문이다. 장성택은 리영호 당중앙군사위 부위원장, 김영춘 인민무력부장 등 군 수뇌부와 친교를 나누며 군부와 좋은 관계를 유지하고는 있지만 여전히 군부 내 입지가 불안정하다. 특히 김정은 후계 구축과정에서 군부 견제가 만만치 않을 것으로 보인다.

최고권력의 맛을 본 장성택이 김정은을 배반할 가능성도 배제할 수 없다. 김정은 후계 지도체제가 실패했다는 평가가 나올 경우, 장성택 발 권력교체를 통해 북한 개혁에 나설 수도 있다.

이와 관련해 북한의 개혁·개방과정에 장성택이 큰 역할을 할 것이라는 기대감도 조심스럽게 흘러나오고 있다. 지난 2002년 경제시찰단으로 서울을 방문, 삼성전자, 포스코, 현대자동차 등 한국의 주요 산업체들을 직접 방문한 적이 있기 때문이다. 실제로 장성택은 신의주 특구나 두만강유역개발에도 깊숙이 간여하고 있다.

고모 김경희

장성택의 부인이자 김정은의 고모인 김경희 당부장 역할도 주목을 받고 있다. 김경희 부장은 김정은을 수행하는 고위간부 조문단에서 서열이 급상승했다. 김정일 사망 사실을 발표한 2011년 12월 19일 처음 공개한 조문위원 명단 순위에서 김경희는 김정은을 포함해 15번째에 이름을 올렸다.

하지만 이후 20일과 23일 김 위원장 시신 참배 수행자 순위에서는 5위로 급상승했다. 특히 군 경력이 없음에도 2010년 9월 김 부위원장이 후계자로 공식 등장한 당대표자회가 열리기 전날 김정은과 함께 대장 칭호를 받았고 당정치국 위원으로 승진한 바 있다. 김경희는 남편 장성택과 치열한 역할 분담을 통해 파워를 키울 것으로 보인다.

권력 확장을 꾀하다 두 번이나 숙청을 당한 경험이 있는 장성택은 김정일 위원장 와병 때부터 본인이 직접 나서기보다는 김경희를 전면에 내세워 권력 확장을 노리던 군부 등 실세들을 견제한 것으로 전해지고 있다. 어린 김정은의 자리를 탐하는 인물로 비쳐지지 않으려고 자신은 뒤로 숨고 김경희 부장을 전면에 내세워 '방패막이'와 '안전판'으로 활용했다는 분석이 나오는 것도 이 때문이다.

때문에 당분간 장성택보다는 김경희가 공개적으로 더 많이 얼굴을 내비칠 가능성이 높다. 또 김정일이 말년으로 갈수록 자신의 핏줄과 혁명1세대 후손들에 많이 기댔던 것처럼 장성택이 권력야심을 노골적으로 드러낼 경우, 김정은도 장성택보다는 핏줄인 김경희에게 더 많이 의지할 수 있다.

최룡해 당비서는 장성택 견제용?

김일성 사망 때만 해도 장의위원 명단 102번째였지만 이번 김정일 사망 때 그 순위가 18번째로 뛰어오른 인물이 최룡해 당비서다. 최룡해는 2010년 당대표자회의에서 김정은과 함께 당중앙군사위 부위원장에 올랐다.

최룡해는 김일성의 혁명동지인 최현(1907~1982년) 전 인민무력부장의 아들이다. 1956년 반대세력이 김일성을 몰아내려고 하는 종파사건이 벌어졌을 때 최현이 이들을 제거하는데 공을 세워 충신집안으로 불릴 정도라고 한다. 김정일도 자신보다 여덟 살 아래인 최룡해를 친동생처럼 아꼈다고 한다. 그러나 1998년 뇌물수수 사건으로 김일성사회주의청년동맹 제1비서에서 쫓겨나 지방 한직으로 내몰렸다. 2006년 황해북도 당책임비서로 재기할 때까지 8년간 고생했다고 한다.

이후 최룡해는 황해북도 사리원시에서 민생경제 부활을 추진해 장방산 식료품공장·사리원백화점을 재건, 생필품 공급을 크게 늘려 민생을 안정시키는 성과를 낸다. 최룡해가 상당한 성과를 거둔 것을 인지한 김정일은 김정은과 평안북도, 신의주, 자강도 등 지방 현지지도를 나갈 때 최 비서와 동행하는 등 다시 중용할 수 있다는 신호를 보냈다. 2010년 9월에 드디어 최룡해를 평양으로 불러들여 당비서직을 맡겼다. 북한 경제재건 과정에서 최룡해 노동당비서가 상당한 역할을 할 수 있을 것으로 기대했기 때문이다. 때문에 일부 전문가들은 최룡해가 장성택보다 김정은 시대의 핵심 실세가 될 가능성이 높다고 보기도 한다.

실제로 김정일이 최룡해를 중용한 것 자체가 장성택을 견제하기 위한 포석이라는 분석도 있다. 현재 최룡해의 노동당 서열은 장성택보다 한 단계 높은 18위다. 조선인민군 대장 직책도 지난 2010년 김정은과 함께 받았다. 장성택은 김정일 사망 후 대장 직책을 받았다.

군부 실권자, 리영호 군총참모장

리영호 군총참모장은 군부 최고 실력자로 이번 김정일 장의위원 서열 4위에 이름을 올렸다.

김정일 위원장이 김정은 부위원장과 함께 피겨스케이팅 공연을 지켜보는 모습. 김정일과 김정은 사이에는 여지없이 리영호 총참모장이 앉아 있다.

김정일 영구차를 호위한 8명 중 한 명으로 김정은이 영구차 오른쪽에 섰을 때 건너편 맨 앞에서 호위할 정도로 군부 최고권력자다. 리영호는 정치국 상무위원이기도 해 김정은이 당과 군을 장악하는 과정에서 역할을 할 것으로 보인다.

지난 2009년 2월 대장으로 승진한 지 1년 반 만인 2010년 9월 차수(김일성·김정일 시대 때 오진우 인민무력부장급) 자리에 올랐다. 김정일과 같은 1942년생으로 김일성의 항일 빨치산 활동시절 주치의였던 리봉수(1901~1967년) 전 만경대혁명학원 원장 아들이다. 동갑내기였던 김정일과 어릴 때부터 친했다고 전해진다.

2003년 상장(우리의 중장계급) 시절에는 평양방어사령관을 맡아 김정일과 김정은을 지근거리에서 호위했다. 김정은이 후계자로 사실상 내정된 직후인 2009년 2월 대장으로 승진, 이때부터 인민군 총참모장을 맡았다. 이후 1년 반 만인 2010년 9월 28일 대장보다 높은 차수에 올랐다. 김정은이 후계자로 공식 등장한 노동당 대표자 회의에서다. 이때 김정은과 나란히 당중앙군사위원회 부위원장직도 맡았다. 리영호는 정치국 상무위원이기도 하다. 정치국 상무위원 중 군과 당의 직책을 동시에 갖고 있는 이는 리영호밖에 없다.

2010년 9월 28일 당대표자회의 후 찍은 기념사진은 리영호의 위상을 대내외에 단적으로 보여줬다. 이때부터 리영호는 김정일 바로 옆에 앉기 시작했다. 과거 오진우 인민무력부장이 김일성과 김정일 사이에 앉았던 것과 같다.

리영호는 김정은의 군부 후견자 역할을 할 것으로 보인다. 2010
년 당중앙군사위 부위원장에 오른 이후 당중앙군사위 업무를 총괄
하면서 김정은의 군수업을 맡은 개인교사이기도 했다. 군부 최고
실세인 김영춘 인민무력부장과 협력해 군부세력을 주도할 것으로
보인다.

김영춘은 북한 군부의 상징이자 중국과 가깝다. 김영춘은 김정
의 최측근이었고 야전사령관 역할을 주로 맡아왔다.

리영호 성향에 대해서는 강경파라는 설과 온건파라는 설이 크게
엇갈린다. 또 장성택의 최측근 인사다. 그를 군참모장과 당중앙군
사위 부위원장에 오르게 한 사람이 바로 장성택이다. 리영호는 장
성택과 만경대혁명학원 동창이다. 최근 리영호가 김정은과 장성택
사이에서 줄타기를 하고 있다는 분석도 있다.

김정각 군총정치국 제1부국장

김정각 군총정치국 제1부국장은 장의위원 명단에서 24위로 다
소 뒤처져 있지만 김정일 영구차를 호위한 8명 중 1명으로 선정될
만큼 북한 내 또 다른 군부 실세다. 2008년 이후 김정은에게 군장
성 동향을 대면보고해온 것으로 알려지고 있다. 김정각 역시 중앙

군사위원을 맡고 있다. 중앙군사위원회 회의 때 김정일, 리영호, 김
정은에 이어 김정각 부국장이 착석하는 경우가 많다.

　상장 시절인 2000년 10월 노동당 창건 55주년 열병식 총지휘
관을 맡기도 했다. 2002년 대장으로 승진했고 최고인민회의 대의
원도 맡고 있다. 2007년 3월 총정치국 제1부국장으로 임명됐다.
2010년 11월 사망한 조명록 총정치국장 병이 점차 깊어지면서 실
질적으로 총정치국을 이끌었다. 총정치국은 군에 대한 노동당의
통제권을 행사하는 막강한 기관이다.

　2010년 9월 당대표자회의 때 '총정치국은 당중앙위 부서와 같
은 권능을 가지고 사업한다'고 규정이 고쳐진 뒤라 군 장악을 위해
김정각을 일찌감치 총정치국 최고책임자로 낙점했다는 설이 있다.
국장이 여전히 공석이기 때문에 김정각이 총정치국 수장으로 인민
군내 정치사상 업무와 군내 인사를 총괄하고 있다.

　2010년 9월 당대표자회의 때 김정은이 당중앙군사위 부위원장
에 임명될 때 중앙군사위원을 맡았고 당정치국 후보위원도 됐다.

눈여겨볼 김정은 측근들

　김정은을 제외하고 김정일 영구차를 호위한 7인 중 추가적으로
눈여겨볼 측근들이 김기남, 최태복, 우동측이다.

　　장성택 국방위 부위원장 뒤에 선 김기남 당비서도 눈여겨봐야 할 인물이다.

　　김 당비서는 김정일 후계체제는 물론 김정은 후계구축까지 우상화 작업을 지휘해온 '선전선동의 귀재'로 나치 독일의 선전부장이던 괴벨스에 비견된다. 이미 북한은 김정일 사망 직후 김정은에 대해 '당과 군대의 최고영도자', '21세기 태양', '어버이' 등 김일성·김정일급 호칭들을 붙이고 있다. '영도자=김정은'이라는 홍보와 충성 유도에 매진하고 있다. 모두 다 그의 작품으로 볼 수 있다.

　　정치적 경륜이라고는 겨우 3년간의 후계수업을 받은 데 불과한 김정은 체제를 하루속히 안정시키기 위해 김정은 우상화 작업이 시급하다는 북한 새 지도부 인식을 엿볼 수 있다. 김 당비서는 또 김 부위원장의 어머니 고영희 생전에 부부동반으로 김 위원장 자택을 자주 드나드는 등의 인연으로 김 부위원장과 각별한 것으로 알려졌다.

　　최태복 국제담당 당비서는 향후 김정은 체제 외교를 이끌 수장으로 꼽힌다. 그는 2010년 9월 당대표자회 직후 중국을 방문해 김정은을 후계자로 선택한 회의 결과를 중국 지도부에 설명하고 협조를 구하는 역할을 했다. 그의 부상은 새 체제의 빠른 안정을 위해 미국 및 중국과의 외교에 총력을 기울일 것이라는 점을 시사한다.

　　새 지도자 최측근 우동측은 영구차 호위 인물 중 가장 의외의 인물이었다. 그의 등장이 상당히 이례적으로 보이지만, 사실 김정은이 가장 신뢰하는 측근으로 꼽힌다. 김정은은 후계자 내정 이후 보위부에 가장 큰 관심을 보였고, 우동측 보위부 제1부부장 등 보위부 수뇌부는 김 부위원장에게 충성을 다짐했다. 또 그의 이복형 김정남 세력을 제거하는 데 주력했다. 후계체제 구축과정에서 무차별적인 주민 감시와 처형으로 고위층 사이에서 원성을 사고 있는 것으로 전해졌다.

우동측은 "우리의 보위부장은 김정은 대장동지", "김정은 동지는 우리의 영원한 보위부장"이라며 전 보위원들에게 김 부위원장을 '우리 부장동지' 등으로 부르도록 했다. 이런 점 때문에 한때 김정은이 보위부장을 맡았다는 설이 돌기도 했다.

그는 특히 보위부를 관장하는 장성택을 외면한 채 '김정은의 보위부'를 만드는 데 앞장섰고, 김정은의 신임을 얻어 대장계급 칭호를 받은 데 이어 국방위원과 정치국 후보위원 자리도 꿰찼다. 류경 보위부 부부장이 장성택에 의해 처형된 이후 우 제1부부장 등 보위부 수뇌부의 외줄타기 행보는 줄어들었지만, 향후 권력암투 개연성은 배제할 수 없다.

북한에서의 2012년의 의미

2012년은 새로운 지도자 김정은 체제가 출범하는 첫해다. 여기에 2012년은 김일성 탄생 100돌이다. 주체 101년이라고도 부르는 해다. 김일성으로 시작한 북한정권이 새로운 100년을 맞이하는 해로 북한이 대대적으로 상당한 의미를 부여할 소재가 많다. 실제로 북한은 신년 공동사설에서 2012년을 "김일성 조선의 새로운 100년대가 시작되는 장엄한 대진군의 해"라고 규정했다. 김정은 시대의 개막을 알리는 표현이라고 볼 수 있다.

2012년 주요 일정의 시작은 1월 8일 새 지도자 김정은의 생일이었다. 당초 대규모 생일 축하 행사를 통해 대내외에 새로운 체제를 알리는 작업이 진행될 것이라고 예상했지만 조용하게 넘어갔다. 부친상 기간이라는 점을 감안해 그 어떤 행사도 벌이질 않았다.

하지만 2월 이후 촘촘하게 예정돼 있는 주요 행사는 다를 것으로 예상된다. 우선 2월 16일이 김정일의 70회 생일이고, 4월 15일은 김일성의 100회 생일이다. 또 4월 25일은 군창건 80돌이다. 2월 16일에는 김정일 사망에 따른 전국적인 추모 행사를 통해 체제 결속을 노릴 가능성이 높고, 4월 15일은 김일성-김정일-김정은으로 이어지는 백두혈통의 권력세습 정당성을 천명할 것으로 보인다. 북한은 2012년 김일성 탄생 100돌에 맞춰 평양 10만 가구 주택건설, 105층짜리 류경호텔 개장 등을 계획해놓은 상태다.

부록

북한 권력기구도

출처 : 북한자료센터(2011.12 기준)

당대회
* 1차 1946.8 / 2차 1948.3 / 3차 1956.4
4차 1961.9 / 5차 1970.11 / 6차 1980.10
당대표자회
* 1차 1958.3 / 2차 1966.10 / 3차 2010.9
당중앙검사위원회
당중앙위원회
정치국
상무위원 김영남 최영림
(3명) 리영호
위원 김영춘 전병호
(12명) 김국태 김기남
최태복 양형섭
강석주 변영립
리용무 주상성
홍석형 김경희
후보위원 김양건 김영일
(14명) 박도춘 최룡해
장성택 주규창
리태남 김락희
태종수 김평해
우동측 김정각
김창섭 문경덕
비서국
총비서
비서 김기남
(9명) 최태복
최룡해
문경덕
박도춘
김영일
김양건
김평해
태종수
검열위원회
위원장 김국태
제1부 정명학
위원장
부위원장 리득남
위원 차관석
(4명) 박덕만
차순길
김용선
당중앙군사위원회
위원장
부위원장 김정은 리영호
위원 김영춘 김정각
(16명) 김명국 김경옥
김원홍 정명도
리병철 최부일
김영철 윤정린
주규창 최상려
최경성 우동측
최룡해 장성택
* 전문부서
조직지도부
선전선동부 김기남
간부부 김평해
국제부 김영일
군사부 오일정
통일전선부 김양건
기계공업부 주규창
과학교육부 최희정
근로단체부 리영수
재정경리부
39호실 전일춘
38호실
계획재정부 홍석형
당역사연구소 김정임
문서정리실 채희정
신소실
총무부 태종수
행정부 장성택
경공업부 김경희
영화부
도(직할시·특별시)당위원회
평양시 문경덕
나선시 임경만
남포시 강양모
평안남도 홍인범
평안북도 리만건
자강도 주영식
양강도 김히택
황해남도 노배권
황해북도 박태덕
함경남도 곽범기
함경북도 오수용
강원도 백계룡

• 국가기구

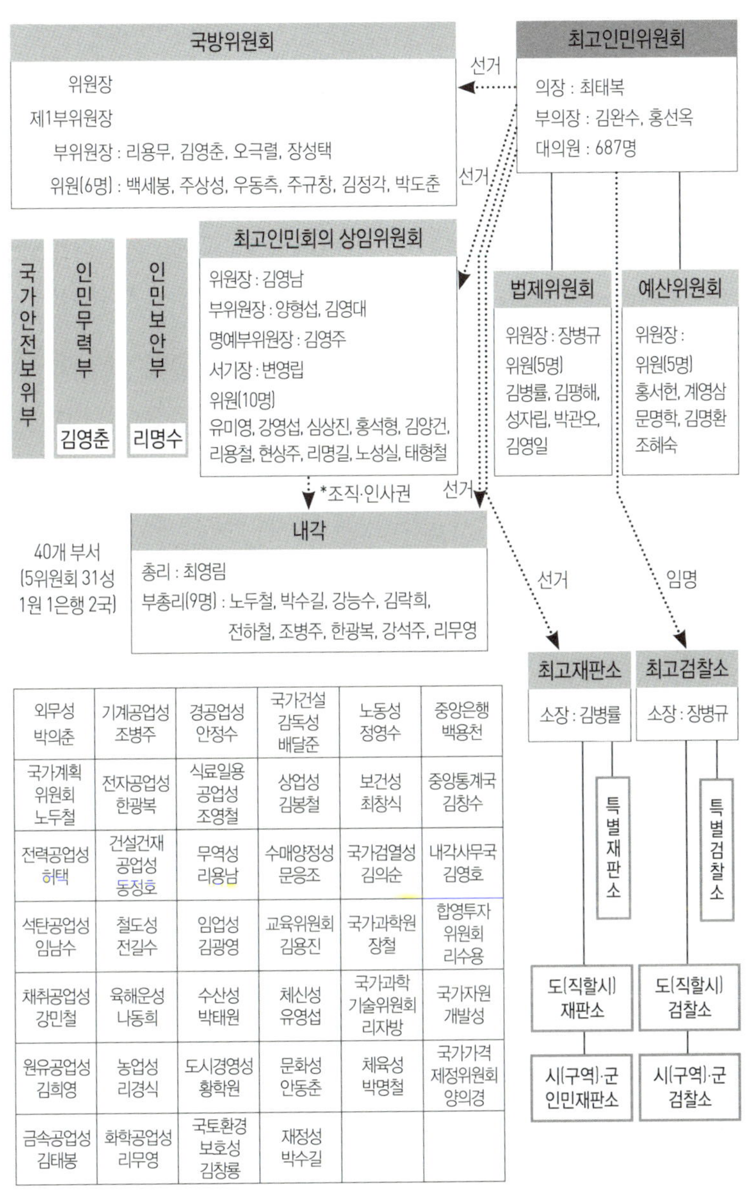

외무성 박의춘	기계공업성 조병주	경공업성 안정수	국가건설 감독성 배달준	노동성 정영수	중앙은행 백용천
국가계획 위원회 노두철	전자공업성 한광복	식료일용 공업성 조영철	상업성 김봉철	보건성 최창식	중앙통계국 김창수
전력공업성 허택	건설건재 공업성 동정호	무역성 리용남	수매양정성 문응조	국가검열성 김의순	내각사무국 김영호
석탄공업성 임남수	철도성 전길수	임업성 김광영	교육위원회 김용진	국가과학원 장철	합영투자 위원회 리수용
채취공업성 강민철	육해운성 나동희	수산성 박태원	체신성 유영섭	국가과학 기술위원회 리자방	국가자원 개발성
원유공업성 김희영	농업성 리경식	도시경영성 황학원	문화성 안동춘	체육성 박명철	국가가격 제정위원회 양의경
금속공업성 김태봉	화학공업성 리무영	국토환경 보호성 김창룡	재정성 박수길		

평양시 양만길	나선시 조정호	남포시 리길춘	평안남도 안극태	평안북도 최종건	자강도 최기룡
양강도 김철	황해남도 오응창	황해북도 리원일	함경남도 전광호	함경북도 리상관	강원도 원도희

• **입법기관**

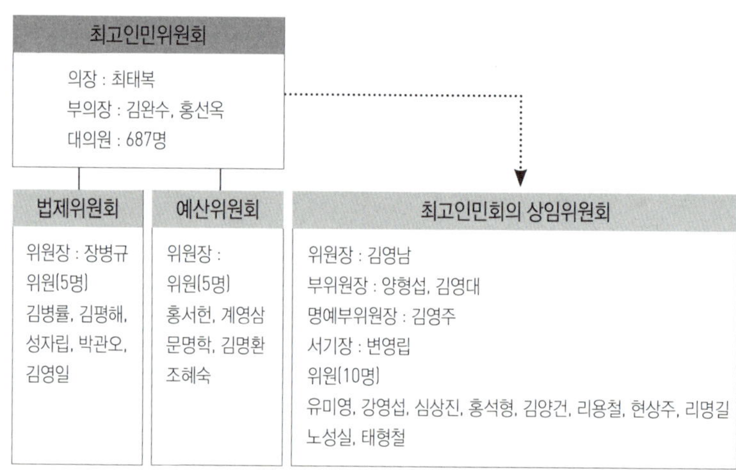

• **사법기관**

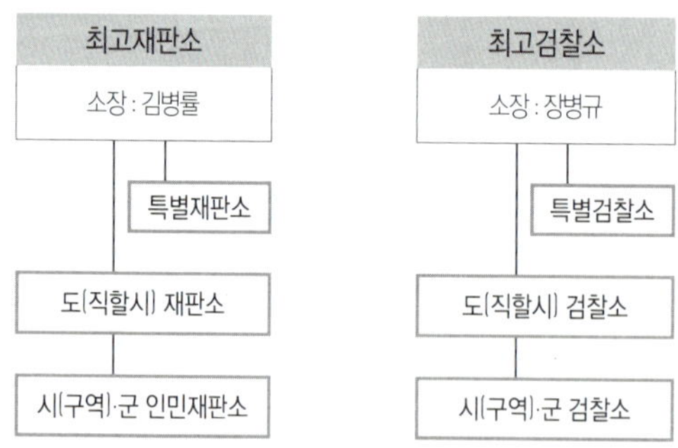

정당 · 대남단체	조선천도교청우당 위원장 유미영	조선사회민주당 위원장 김영대	조국통일민주주의 전선(조국전선) 의장 강연학 등	조국평화통일 위원회(조평통)	반제민족민주전선 (반제민전)
	조국통일범민족 연합(범민련)북측 본부 의장 강지영	조국통일범민족 청년학생연합북측 본부 의장 김인호	민족화해협의회 회장 김영대	단국민족통일협의회 회장 유미영	조선평화옹호 전국민족위원회 위원장 문재철
	재북평화통일 촉진협의회				
대외단체	조선아시아태평양 평화위원회 위원장 김양건	조선대외문화 연락위원회 위원장 김정숙	세계인민들과의 연대성조선위원회 위원장 문재철	조선외교협회	조선 아시아 아프리카 단결위원회
	일제의 조선강점 피해조사위원회	조선일본군위안부 및 강제연행피해자 보상대책위원회 위원장 홍선옥	조선반핵 평화위원회	조선인강제연행 피해자유가족협회 회장 김용걸	아시아여성등과 연대 하는 조선여성협회 회장 리청희
	조선유네스코 민족위원회 위원장 박길연	조선유엔식량 및 농업기구민족위원회 위원장 박길연	조선유엔개발계획 민족조정위원회 서기장 리태균	유엔아동기금 민족조정위원회 위원장 박길연	일본의 과거청산을 요구하는 국제연대 협의회 조선위원회 위원장 홍선옥
사회단체	김일성 사회주의 청년동맹(청년동맹) 1 비서 리용철	조선직업총동맹 (직총) 위원장 현상주	조선농업근로자동맹 (농근맹) 위원장 리명길	조선민주여성동맹 (여맹) 위원장 노성실	조선적십자회 위원장 장재언
	조선기자동맹 중앙위원회 위원장 최칠남	조선자연보호연맹 중앙위원회 위원장 김창룡	조선민주법률가협회 위원장 허명규	조선중앙 변호사협회	조선학생위원회 위원장 엄정철
경제단체	조선국제무역 촉진위원회 위원장 리명산				
종교단체	조선카톨릭협회 위원장 장재언	조선그리스도교연맹 위원장 강영섭	조선불교도연맹 위원장 심상진	조선천도교회 중앙지도위원회 위원장 유미영	조선종교인협의회 회장 장재언
학술 · 체육단체	조선사회과학자협회 위원장 지승철	조선문학예술총동맹 중앙위원회 위원장 김병훈	조선과학기술총연맹 중앙위원회 위원장 리자방	조선건축가동맹 중앙위원회 위원장 배달준	국제문제연구소 소장 장윤곤
	조선역사학회 위원장 허종호	조선김일성화· 김정일화위원회 위원장 강능수	조선올림픽위원회 위원장 박명철	조선태권도위원회 위원장 황봉영	

김정은 시대

초판 1쇄 2012년 2월 27일

지은이 박봉권 송성훈 손일선
펴낸이 윤영걸　**담당PD** 조윤미　**펴낸곳** 매경출판㈜
등　록 2003년 4월 24일(No. 2 – 3759)
주　소 우)100 – 728 서울 중구 필동1가 30번지 매경미디어센터 9층
홈페이지 www.mkbook.co.kr
전　화 02)2000 – 2610(편집팀)　02)2000 – 2636(영업팀)
팩　스 02)2000 – 2609　**이메일** publish@mk.co.kr
인쇄 · 제본 ㈜M – print　031)8071 – 0961

ISBN 978 – 89 – 7442 – 799 – 3

값 14,000원